Au cœur du monde

Joan Chittister

Au cœur du monde

Regard spirituel sur le monde d'aujourd'hui

Avant-propos de Martin E. Marty

*Traduit de l'américain
par Albert Beaudry*

BELLARMIN

Catalogage avant publication de Bibliothèque et Archives Canada

Chittister, Joan

Au cœur du monde. Regard spirituel sur le monde d'aujourd'hui

Traduction de : *In the Heart of the Temple*

ISBN-13 : 978-2-89007-973-1
ISBN-10 : 2-89007-973-2

1. Vie spirituelle - Église catholique. I. Titre.

BX2350.3.C4414   2006   248.4'82   C2006-940823-8

Dépôt légal : 2ᵉ trimestre 2006
Bibliothèque et Archives nationales du Québec

Titre original : *In the Heart of the Temple*
Publié en accord avec United Tribes Media Inc.,
New York, NY c/o Acacia Publishing Services Ltd,
Toronto, On, Canada
© Joan D. Chittister, 2004

© Éditions Bellarmin, 2006, pour la trduction française

Les Éditions Bellarmin remercient de leur soutien financier le ministère du Patrimoine canadien, le Conseil des Arts du Canada et la Société de développement des entreprises culturelles du Québec (SODEC). Les Éditions Bellarmin bénéficient du Programme de crédit d'impôt pour l'édition de livres du Gouvernement du Québec, géré par la SODEC.

IMPRIMÉ AU CANADA EN MAI 2006

À Marlene,
rédactrice et amie
qui a tant fait au fil des années
pour aiguiser mon regard
et le faire coller à la réalité.

Avant-propos

J'AIME BEAUCOUP une dédicace de Joan Chittister, qui remonte à une vingtaine d'années. Elle y parlait de moi comme d'un « collègue invisible » et d'une « présence efficace » : nous avions dû travailler « à distance » et la présence venait de ce que « nos idées nous rapprochent ».

Cette dédicace ouvrait *Faith and Ferment* (coédité en 1983 par Augsburg Publishing House et Liturgical Press) : elle avait écrit 150 pages et moi une centaine. Il n'allait vraiment pas de soi à l'époque, même 20 ans après l'ouverture du Deuxième Concile du Vatican, que 2 maisons d'édition, l'une luthérienne et l'autre catholique, invitent une moniale bénédictine et un ministre luthérien à écrire un livre ensemble. Les éditeurs et le directeur de la publication, Robert S. Bilheimer, étaient prêts à courir le risque de nous faire commenter les mêmes données à partir de points de vue différents sans que nous nous soyons jamais rencontrés.

Une fois le livre paru — il s'agissait de commenter des données recueillies au Minnesota dans le cadre de ce qui était alors le sondage le plus ambitieux jamais entrepris dans un État américain sur les attitudes et les pratiques religieuses — je m'amusais à faire remarquer à des amis combien la différence entre nos façons de voir ressortait clairement. Joan s'arrêtait à un chiffre montrant qu'un faible taux de résidents du Minnesota se conformaient à tel ou tel commandement biblique ou ne donnaient qu'un pâle reflet d'une promesse évangélique, et elle s'en montrait déçue au point de formuler des critiques. Pour ma part, les mêmes données me réjouissaient tant j'étais surpris, à une époque aussi sécularisée, de trouver encore quelqu'un pour affirmer des convictions étonnamment chrétiennes et vivre certains éléments fondamentaux de la vie chrétienne. Je me disais : elle est religieuse, elle brûle d'enthousiasme pour la justice et l'amour bibliques, et elle s'attend à voir s'envoler les chrétiens. J'avais été pasteur en paroisse (dans une bonne paroisse, je dois le dire) et j'avais été tellement exposé à la complexité de la nature humaine que j'étais renversé de voir quelqu'un s'élever à quelques millimètres du sol.

Depuis ce temps, j'ai vu Joan Chittister surmonter la déception et parler d'espérance, continuer de critiquer mais en fonction d'objectifs constructifs et transcendants. Nous sommes toujours pratiquement « invisibles » l'un pour l'autre encore que je reste à l'affût de ses interventions et de ses publications, et que je suive sa façon de vivre ses engagements. Il m'est même arrivé de prendre la parole à des congrès où elle était intervenue, ce qui représente évidemment tout un défi mais aussi une grâce.

* * *

Au cœur du monde est un recueil de ses essais, « le meilleur de Joan », un peu à la manière des CD qui nous offrent « le meilleur de Bach ». Il est difficile dans le cadre restreint d'un essai d'étayer tous les arguments qu'elle voudrait déployer mais ses positions s'enracinent toutes dans une vie d'étude, de dévouement et d'action et c'est ce qui explique la cohérence et la puissance de ce recueil.

Qu'est-ce qui retient l'attention dans cet ouvrage ?

D'abord, Joan Chittister est catholique. Je veux dire *réellement* catholique — elle est d'obédience romaine. Cette obéissance n'est jamais pour elle soumission abêtissante à ce que propose et prescrit l'autorité dans l'Église-de-l'heure mais assentiment volontaire à ce que le Christ a établi, à ce qu'il régit, suscite et bénit par son corps collégial. «Catholique» signifie pour elle que la foi pénètre le tout (*kata* = *holos*) de la réalité et anime l'ensemble de la création. Du coup, elle rejoint ceux et celles d'entre nous qui sommes catholiques sans être catholiques romains.

Deuxièmement, elle est religieuse. D'une créativité sans cesse en éveil dans sa communauté, elle ne peut s'imaginer vivre une vie épanouie en marge de la communauté, même lorsque les circonstances l'appellent à s'éloigner. Pour elle, la communauté n'est jamais «invisible». En feuilletant mon exemplaire de *Faith and Ferment* pour rédiger cet avant-propos, j'y ai retrouvé une recension de Kenneth Woodward dans l'hebdomadaire *Newsweek* (du 19 septembre 1983). Il nous attribuait le mérite d'avoir inventé la notion de «christianisme sélectif, qui incite les gens à ne retenir que ce qui leur plaît dans la tradition de l'Église, quitte à laisser tomber ce qui ne correspond pas à leurs objectifs spirituels». (Grâce à un rédacteur de discours américain, l'expression s'est frayée un chemin dans le vocabulaire papal et Jean-Paul II s'en est servi pour semoncer son auditoire lors d'un voyage aux États-Unis. Heureusement, nous n'avions pas fait breveter la formule.) Joan Chittister se coule dans la tradition, elle y puise, la secoue et en tire des sens nouveaux sans la rejeter. Comme penseur, elle se situe dans la tradition et «en communauté».

Troisièmement, elle est foncièrement bénédictine. Elle vit selon la Règle, elle est attachée à sa fibre éthique et incarne ce qui pour certains d'entre nous représente le cœur de la tradition bénédictine : l'hospitalité, l'esprit d'accueil. Elle nous reçoit, nous ses lecteurs et lectrices, comme des hôtes, comme si nous étions le Christ.

Joan Chittister persuade, au meilleur sens du terme, elle ne prêche pas, au pire sens du terme. Elle est pastorale. Mais être pastoral ne veut pas dire être mou. Feu le cardinal Bernardin me confia un jour que ses prêtres attendaient de lui qu'il soit «pastoral», ce qui aurait dû l'amener à se montrer sentimental et à les prendre en douceur. Non, les bergers — les pasteurs — guident souvent leur troupeau le long de falaises escarpées et il leur faut user de fermeté. Le sens moral de Joan Chittister évoque le jugement moral mais jamais dans une optique qui suggérerait qu'elle a tout réglé et qu'elle se tient au-dessus de la mêlée ou à distance du troupeau.

En outre, *Au cœur du monde* met en valeur l'écrivain chez Joan. Dans la plupart de ses essais, elle part d'un proverbe, d'une anecdote, de quelques données, d'une expression, et elle les développe pour expliquer les thèmes fondamentaux qu'évoquent les titres de ses chapitres. Elle-même crée de nouvelles expressions. J'en ai relevé plusieurs. Celle-ci par exemple, à propos du réformateur Martin Luther, de Catherine de Sienne, de Dorothy Day et de Thomas Merton : « Ils n'ont pas posé de questions parce qu'ils ne croyaient pas à ce que l'Église enseignait ; ils ont posé des questions parce qu'ils y croyaient. » Elle aussi.

Joan Chittister peut se mettre en colère mais elle ne s'emporte pas et n'est jamais mesquine. On pense au Dante de Robert Browning, qui « savait haïr parce qu'il savait aimer », qui haïssait tout ce qui se dressait sur la route de l'amour. Elle canalise sa colère de façon constructive. On a le sentiment en lisant son livre que si vous faites partie d'un groupe ou d'une caste qu'elle critique, et que vous avez été critiqué, elle sera la première, le lendemain matin, à vous inviter à partager le petit déjeuner : sans rancune.

Et puis elle traite simplement les questions complexes, comme le suggère son premier chapitre sur la simplicité. Elle se demande comment concilier la vie qu'elle doit mener pour promouvoir la cause de son évangile — avions, hôtels et tout — et l'urgence d'une solution économique aux besoins humains. La dernière personne que Joan excuse, c'est elle-même. Mais aucune trace ici d'autodénigrement, d'apitoiement sur soi, de narcissisme ou de scrupule morbide : il y a trop de questions à étudier, de problèmes à affronter, de personnes à servir et de joie à goûter pour qu'elle se croie obligée de tout résoudre avant de passer à l'action ou d'inviter les autres à agir.

* * *

Quand il m'arrive d'intervenir dans un séminaire, un atelier, un colloque ou un congrès quelques jours ou quelques heures après Joan Chittister, on m'accueille toujours en me disant : «Vous auriez dû l'entendre !» Eh bien, grâce à la diffusion de l'imprimé, *vous* pouvez l'entendre, vous pouvez entendre sa voix posée dont le ton se prête si bien à la transcription par écrit. Vous *avez la chance* de l'entendre !

MARTIN E. MARTY
Professeur émérite, titulaire de la chaire Fairfax M. Cone
Université de Chicago

Le cœur du temple
n'est pas dans le temple

Il y a plusieurs années, je suis entrée dans ce que je croyais être le cœur du temple, le cadre où ma vie spirituelle allait s'épanouir, devenir réalité. J'étais jeune, émerveillée, attirée par le magnétisme des lieux mais sans la moindre idée de ce que ce magnétisme allait exiger de moi pour peu que je me laisse aspirer par lui en profondeur. À cette étape de ma croissance spirituelle, c'était le décor du temple qui me fascinait, pas vraiment son cœur. Les cierges apaisaient mon âme. La psalmodie calmait mon esprit. Les verrières, les sanctuaires familiers et la régularité du rituel donnaient de la stabilité à mon orientation spirituelle. Qu'est-ce que la vie spirituelle pouvait comporter d'autre que la tradition, la périodicité de ses formes et l'ordonnancement de ses pratiques ?

Je croyais que le seul fait d'être là, au centre du message, au foyer de l'appel dans le temple, c'était vivre l'appel. Bien plus, je pensais que le temple lui-même incarnait tout ce que pouvait comporter le fait d'être sainte.

Mais en réalité, il m'arrivait fréquemment de trouver l'expérience religieuse déconcertante, voire décourageante. Je connaissais des gens très bien — femmes divorcées, souvent victimes d'abus et de violence, et remariées ; mon cousin gay qui toute sa vie avait pris soin de sa mère ; une belle-famille non pratiquante ; des militantes engagées ; des amis de diverses origines ethniques — qui étaient traités avec suspicion et refoulés à la porte de trop de temples. Même du mien.

En ce qui me concerne, j'étais entrée au monastère en quête de ce qu'on appelait (j'allais l'apprendre) des « consolations spirituelles ». Je voulais « trouver Dieu ». Je voulais « faire une sainte ». Je voulais « aller au ciel ». Mais surtout, je voulais me sentir en paix avec mon âme. Je voulais mener une vie séparée du monde, loin de la mêlée, au-dessus de la gale des lépreux mendiants, des étrangers menaçants, des femmes effrontées et des marginaux malpropres qu'on trouve dans les Évangiles. La vie monastique était sûrement la façon d'y arriver rapidement.

Mais ça n'a pas marché.

J'ai commencé à découvrir que la vie monastique est essentiellement une routine de bonnes pratiques conçues pour nous ouvrir à la possibilité de trouver Dieu. Mais qu'elle ne garantit rien. Tout est affaire de possibilité, il n'y a aucune promesse. Ça n'a rien du truc qui marche à coup sûr ou de la solution miracle. Ce n'est, au mieux, qu'une batterie de moyens, pas l'objectif.

Si bien qu'au fil des années, j'en suis venue à éprouver le genre de confusion dont j'ai fini par comprendre qu'elle donne sa consistance au spirituel. Le temple prêchait un message que je ne voyais pas — même si j'étais dans le temple.

Dans un pays plein de temples, ceux et celles d'entre nous qui étaient affamés continuaient de mourir de faim. Trop d'enfants étaient malades et n'allaient pas à l'école. Les pauvres mouraient sans soins.

Les temples eux-mêmes n'avaient pas de place à offrir à la moitié de la création. Les femmes n'y étaient jamais admises comme membres de plein droit, elles étaient toujours invisibles, écartées — superflues mais utiles, comme une erreur du ciel, fonctionnelles bien sûr, mais pas pleinement humaines. Dans beaucoup de temples, les Noirs étaient victimes de ségrégation et les homosexuels étaient punis, et ceux que les temples appelaient « pécheurs », mis au ban.

L'obéissance était devenue la vertu cardinale ; la loi était ce que le système décrétait. Alors que ce qu'il aurait fallu, c'était la sainte désobéissance.

Dans ce que nous appelions «chrétien», le récit de Jésus était devenu plus fictif que réel.

* * *

Puis, dans les années soixante, le Deuxième Concile du Vatican et ses suites ont appelé l'Église, l'ensemble du peuple de Dieu, même les gardiens du temple, à un examen de conscience cataclysmique. À l'intérieur du temple, et à cause du temple, toute ma vie se trouvait remise en question.

Que faire de la simplicité dans un monde de plus en plus complexe?

Que faire du travail dans une société emportée par les marges bénéficiaires, l'exploitation et l'activité compulsive?

Que faire du sabbat dans une société attachée à tout ce que le système «24 heures sur 24, 7 jours sur 7» peut avoir de pratique?

Et la bonne intendance de la terre, telle que Benoît l'envisageait dans la Règle et comme les monastères l'ont pratiquée pendant des siècles, peut-elle encore servir à une époque de gaspillage énergétique et de désastres environnementaux?

La contemplation est-elle une sorte de sainte futilité, une fuite du réel, dans un monde qui récompense les ambitieux et les exigeants? Les contemplatifs ne sont-ils que des charlatans du religieux, planant au-dessus du monde tandis que le reste de la société y mènerait une existence réelle?

Mes prières pendant toutes ces années n'avaient-elles été qu'une tentative de séduction d'un Dieu narcissique pour le plier à ma volonté?

Et le renforcement du pouvoir dans un milieu qui amasse le pouvoir comme de l'or, qui l'impose comme la foudre? Faut-il toujours s'incliner devant le pouvoir, ne jamais le contester? Et quel rapport a-t-il avec la spiritualité?

Et la prophétie, et les prophètes? Tiennent-ils plus du mythe que du message, anachronismes parachutés de temps plus héroïques

— plus naïfs, ou véritable interpellation adressée à notre âme, à notre société, à moi ici et maintenant?

Qu'en est-il de l'intégrité? S'agit-il de tout avoir ou de tout refuser?

Et la sainteté existe-t-elle toujours ou n'est-elle que le pieux souvenir de curieux personnages sortis d'une époque plus curieuse encore?

La tradition a-t-elle disparu avec la réforme et, si c'est le cas, qu'advient-il de l'intériorité de la personne qui ose la remettre en question?

Peut-on vraiment vivre l'égalité, l'acceptation quotidienne de l'autre? Pouvons-nous vraiment continuer le ministère de Jésus — Jésus qui allait de la Galilée à Jérusalem en «faisant le bien» quitte à affronter la mort? Qu'est-ce que l'égalité et le ministère ont à voir avec la vision?

Mais surtout, qu'est-ce que la vision a à voir avec la fidélité de disciples égaux et avec la conversion? Avec la vraie conversion? Celle qui tourne le dos au néant d'une vie creuse pour embrasser la plénitude d'une vie plus spirituelle que spiritualisée?

Tout d'un coup, le nouvel examen de conscience institutionnel prenait un sens. Toute la vie entrait en éruption dans une grande explosion de sens qu'aucune surdose d'ordre ou de régularité n'aurait pu provoquer. Il y avait là un monde qui était, lui, «le cœur du temple». Il s'agissait donc de conduire le temple au monde et le monde au cœur du temple. Mais la transition de l'un à l'autre suppose une longue marche à travers le chaos spirituel. Comment amener les vérités spirituelles d'une époque à répondre aux défis d'une autre?

* * *

«Le chaos engendre la vie alors que l'ordre engendre l'habitude», a écrit Henry Brooks Adams. Il y a du vrai dans cet aphorisme; la vie spirituelle en devient d'autant plus significative et d'autant plus troublante.

Le fait est que ce n'est que lorsque éclate le désordre que nous prenons parfois conscience de faussetés trop longtemps acceptées. Arrachés à une quiétude facile, nous commençons alors à poser des questions qui peuvent déboucher sur une nouvelle vision, sur la conversion, sur l'intelligence, sur la vie nouvelle.

La paralysie, j'en suis convaincue, peut affecter la vie spirituelle tout autant que la vie en général. La spiritualité peut s'affaisser. La fadeur peut s'installer aux commandes, se baptiser contemplation et nous masquer notre complaisance. Les formules spirituelles se substituent à la sensibilité spirituelle, les programmes spirituels tiennent lieu de croissance spirituelle.

Les pratiques spirituelles elles-mêmes peuvent donner le change.

Avec le temps, ce qui avait commencé comme une quête authentique du Dieu de vie peut, à force de régularité, sombrer dans la rigidité. Dieu n'est plus alors qu'une icône distante, sorte d'image d'Épinal dont nous attendons des faveurs mais à qui nous pensons assez peu dans la vie de tous les jours. La conscience de la présence de Dieu devient un exercice particulier au lieu d'être la substance même de la vie. Surtout, la ferveur qui nous avait d'abord poussés à chercher le sens profond de la vie, à sonder les profondeurs de l'âme, n'est plus qu'un fragile et distant souvenir. Une fois la vie spirituelle engoncée dans une forme de routine confortable, nous cessons de voir autour de nous tout ce qui appelle à grands cris la foudre de la vérité spirituelle.

L'État ne cesse de fabriquer des armes en temps de paix. Mais souvent, nous ne voyons pas le lien entre cette situation et la paix que nous cherchons dans notre vie spirituelle.

Les pauvres dorment sur le seuil de nos temples et mangent dans nos soupes populaires. Mais souvent, nous ne sentons pas le rapport entre cet état de choses et notre nourriture spirituelle.

Des segments entiers de la société se voient officiellement privés de leurs droits civils. Les femmes et les minorités sont objet de mépris social. Mais souvent, nous ne comprenons pas que l'oppression d'un être humain, quel qu'il soit, est un enjeu spirituel.

Les enfants et les personnes âgées, les fœtus et les patients en phase terminale, les malades et les handicapés n'ont aucune valeur dans une société qui estime plus que tout l'individualisme acharné. Mais souvent, nous ne voyons pas les conséquences de ces fausses valeurs pour notre propre croissance spirituelle.

Nous ne comprenons pas que prière et prophétie font un, que le sabbat et la bonne intendance sont une seule et même chose, que la contemplation et le ministère ne sont que l'envers et l'endroit de l'immersion dans la vie de Dieu, que nous faisons profession de vivre dans notre culte au temple.

$$* * *$$

La vie spirituelle, la perspective spirituelle qui se dégage des pages que vous allez parcourir, correspond à une spiritualité d'action *et* de contemplation, à une spiritualité de contemplation cocréatrice. Elle exige de nous que nous voyions ce qui se produit dans le monde qui nous entoure et que nous fassions tout ce qui est en notre pouvoir pour le rapprocher du dessein d'un Dieu d'amour sur le monde que Dieu a créé. Elle est ancrée à la jonction de ce qui est et de ce qui devrait être. Elle lance un cri vers le ciel, consciente que la vie spirituelle dépend du don de soi pour faire advenir le règne de Dieu ici et maintenant, toujours et à jamais. Elle est un hymne à la responsabilité personnelle pour la qualité spirituelle du monde qui nous entoure. Elle est un appel à réunir le cœur et le temple.

 Là où se trouve la personne spirituelle, le monde devient spirituel. Être au cœur du temple sans être au cœur du monde, c'est ne vivre qu'une demi-vie spirituelle — car le cœur du temple n'est pas dans le temple.

Tel est le regard spirituel que je jette sur le monde d'aujourd'hui.

JOAN CHITTISTER
Juin 2004

CHAPITRE PREMIER

La simplicité

Dans mon bureau, le petit lecteur CD diffuse une musique douce : du chant grégorien. La maison est silencieuse. Un feu brûle dans l'âtre. Cadre enchanteur, scène quasi bucolique. Mais est-ce vraiment là un tableau qui traduit la vie simple ? En fait, y a-t-il encore aujourd'hui quelque façon de témoigner sans équivoque de la simplicité de vie ? Car malgré le foyer et le silence, j'ai dû passer une bonne heure au téléphone, ce matin, pour arriver à faire fonctionner correctement le petit ordinateur de 1500 grammes sur lequel je suis en train d'écrire ce texte. Et vendredi prochain, je traverserai l'Atlantique pour une tournée de conférences, sans plus de trépidations que lorsque je traversais le stationnement derrière le monastère pour me rendre à ma petite école de rang enseigner « deux années dans une classe ». S'agit-il là de simplicité ?

D'ailleurs, je ne suis pas la seule à me poser la question. Le messager de UPS m'explique que la livraison des colis est aujourd'hui une entreprise complexe, hautement informatisée, fonction d'un routage qui quadrille le globe. L'ouverture d'une porte de garage est devenue une opération technologique. Il n'y a plus de standardistes pour répondre au téléphone mais des machines qui vous mettent en communication avec une autre machine… qui vous débite un message enregistré. Il n'y a pas de doute, les crayons sont aujourd'hui des objets de musée, on ne voit plus de chevaux qu'au cirque ou sur les champs de courses, les séjours à la maison sont des fêtes mobiles et il faut mettre deux heures pour se rendre au travail.

Et pourtant, la question de la simplicité reste toujours d'actualité. Les poètes vantent ses vertus. Les philosophes l'approfondissent. Les écrivains prennent un ton lugubre et solennel pour chanter sa gloire, sa nécessité, sa disparition, sa valeur, sa vertu, son naufrage sous les assauts de la vie moderne. La simplicité, paraît-il, nous a fait faux bond. Elle serait disparue à jamais d'un univers mondialisé, technologique, mobile et massifié. Sans doute devrais-je me sentir découragée à l'idée d'aborder un thème aussi insaisissable. Mais non. J'en viens même à me demander si ce que nous appelons simplicité a jamais vraiment existé. Pas au sens spirituel du mot, en tout cas, pas au sens où l'entendaient les anciens. G. C. Lichtenberg écrivait : « La noble simplicité des œuvres de la nature ne tient que trop souvent à la myopie de ceux qui l'observent. » Autrement dit, la simplicité n'existe pas vraiment. C'est nous qui la fabriquons. Voilà qui donne à réfléchir. Nous nous trompons, suggère Lichtenberg et les scientifiques le confirment, quand nous faisons de la simplicité un arrangement d'éléments indivisibles. Il n'y a absolument rien dans la nature qui, selon cette définition, soit vraiment simple. Un organisme monocellulaire est composé de molécules et d'atomes innombrables qui ont entre eux toutes sortes de relations. Toutes les choses créées frayent avec d'autres choses dont elles dépendent, et elles sont soutenues dans l'existence par un système infiniment sophistiqué, interminablement complexe. Le fait est que la vie n'est pas simple. Le fait est que nous devons apprendre à composer avec nos complexités… dans la simplicité.

Sommes-nous donc à la poursuite d'un mirage théologique, d'une vision poétique, du rêve adolescent d'une vie exempte de fardeaux et de stress, quand nous osons parler de simplicité de vie ? Je ne le crois pas. Mais il se peut que nous ne chassions que du vent alors que nous avons vraiment besoin de substance.

La dure vérité, c'est peut-être que la simplicité n'est pas nécessairement la vie dépouillée des objets matériels ou la journée réduite à l'essentiel. En fait, la privation du nécessaire — la pauvreté accablante, injuste et non voulue — n'a rien à voir avec la simplicité. La vie sans le nécessaire est, en réalité, une obscénité sociale, un scandale dont la responsabilité morale incombe à l'ensemble de la société. La simplicité serait plutôt la vie sans rien pour nous encombrer, sans compulsions, sans besoin de contrôler, la vie dédiée à la vision contemplative avec ses flux et ses reflux, et non pas la vie sans choses. La simplicité de vie est peut-être aujourd'hui ce que Madeleva Wolff, poétesse et rectrice d'université, appelait «une approche habituellement détendue» plutôt qu'une vie dépourvue de ces collections de gadgets dont nous n'avons jamais réellement eu ni envie ni besoin.

La simplicité de vie pourrait bien être beaucoup plus la capacité de composer avec ce que la vie nous réserve que le rejet de tout ce qui ne correspond pas à nos exigences, si frugales, si austères soient-elles. Quand des végétariens stricts imposent aux autres de se mettre en frais pour leur préparer des plats, je ne peux m'empêcher de me demander à quel point il s'agit là de simplicité. Quand les gens laissent leur bureau immaculé mais qu'ils font traîner leurs affaires dans les pièces communes et dans les salles de récréation, la question se pose : est-ce de la simplicité de vie ? Je vois des personnes qui gèrent très bien leur horaire parce qu'elles refusent de sacrifier aux besoins des autres leurs priorités personnelles. Tout le monde doit plier pour les accommoder — de sorte que la vie devient pour tous de plus en plus compliquée, enchevêtrée, difficile. En l'occurrence, qui pratique vraiment la simplicité de vie : les personnes qui contrôlent le menu, l'environnement physique, l'horaire, ou celles dont les vies sont emmêlées et tendues à l'extrême limite pour rendre possible ce genre de simplicité ? La simplicité, j'en suis convaincue, c'est beaucoup plus que d'imposer coûte que coûte son mode de vie aux autres.

La simplicité de vie dans un monde complexe présente, à mon avis, quatre caractéristiques. Une vie est simple si elle est honnête, si elle n'est pas encombrée, si elle est ouverte à une conscience autre que la sienne, si elle reste sereine au milieu d'un mouvement irréfléchi qui tend au chaos.

Mais de ces quatre traits, l'honnêteté forme sûrement le plus important, la base. Nous menons une vie simple quand nous ne prétendons pas être ce que nous ne sommes pas. Le diplômé qui a mis deux ans pour obtenir un poste d'assistant ne fait pas semblant de sortir de Harvard. La femme qui a un emploi de bureau ordinaire ne se croit pas obligée de se faire valoir en se ruinant en vêtements griffés. Les gens qui ont une certaine sécurité financière ne se lancent pas dans une surconsommation tape-à-l'œil, ils n'achètent pas parce qu'ils en ont les moyens et pour ensevelir leur âme insatiable sous des couches innombrables d'objets. En d'autres mots, une personne vraiment simple mène une existence en harmonie avec ce qu'elle est, sans se laisser séduire par les grades et les pedigrees, par les masques et les vernis destinés à nous protéger de ce que nous sommes vraiment, à nous arracher à nos origines, à nous préserver des conséquences de notre humanité. Elle n'a pas besoin de crouler sous les bijoux, les cosmétiques ou les vêtements pour cacher son apparence, savoir ce qu'elle vaut ou mesurer l'impact de sa présence.

Les gens vraiment simples vivent avec dignité ce que la vie leur réserve. Pour eux, seule compte vraiment la vérité de ce qu'ils sont, sans fard ni astuces. Dans une société qui carbure à l'image, à la publicité et au statut, c'est une chose de ramener la simplicité à une catégorie d'objets, et c'en est une autre de ne jamais oublier d'où l'on vient, quel que soit le statut dont on jouit pour l'instant — et de ne pas couper le cordon ombilical. La simplicité a quelque chose à voir avec le fait de laisser savoir qu'on vient de Bethléem et non de Beverly Hills.

Fondamentalement, la simplicité de vie tient donc beaucoup plus à l'authenticité qu'aux objets, car autrement ce serait une vertu réservée à ceux et celles qui ont des choses auxquelles ils peuvent se permettre de renoncer. Elle serait alors surtout un phénomène de classe, une sorte de jeu de société baptisé « simplicité volontaire », plutôt qu'une attitude d'esprit qui nous met debout au milieu de notre monde, nus et sans crainte, la confiance au cœur et libres de la séduction du superflu et du cosmétique. Elle relèverait plus de la comptabilité que de ce que les anciens appelaient la « pureté du cœur », la recherche exclusive de l'essentiel par opposition à la chasse aux colifichets, quelque forme qu'ils prennent dans nos mondes divers.

Si l'honnêteté représente un des aspects les plus importants de la simplicité dans un univers envahi par le cosmétique, sa deuxième caractéristique doit certainement être le détachement. C'est une chose de savoir qui l'on est. C'en est une autre de pratiquer l'indifférence, même à l'égard de ce qu'on est. Aujourd'hui, j'ai de l'argent, un emploi et un titre. Un jour, je serai renversée de n'avoir même pas cela. Ce jour-là, toute la simplicité que j'aurai pratiquée sera radicalement mise à l'épreuve. Ce jour-là, je découvrirai que la simplicité de vie n'est pas que la frugalité ; c'est la vie désencombrée, la vie dépouillée des choses que nous possédons, afin qu'elles ne nous possèdent pas.

« Nous ne possédons vraiment que ce qu'on ne peut pas perdre dans un naufrage », dit le proverbe arabe. L'image frappe d'autant plus qu'elle est vraie. Mais il n'y a pas de leçon plus difficile à apprendre. Dans une société de consommation dont l'économie se fonde sur la création de faux besoins, la seule idée de ne pas vouloir plus que ce qu'on a relève de l'hérésie économique. Le fait est que si nous n'achetons pas, les gens n'auront pas de travail, et ainsi de suite, indéfiniment. Nous créons ce dont nous n'avons pas besoin pour tenir à distance nos besoins fondamentaux. Il y a très peu de neuf dans les voitures neuves, par exemple, si ce n'est la disposition et le design des vieux gadgets. Les vêtements ne changent pas, c'est la mode qui change. Les cuisinières, les frigos, les ustensiles de cuisine et les accessoires de salle de bain ne changent pas d'une année à l'autre; on leur donne simplement des couleurs différentes. C'est une spirale misérable de besoins en accélération constante, nourris de vagues successives d'arguments sans substance.

Mais qui peut accepter l'idée de ne pas suivre le mouvement? Alors, nous faisons concurrence aux voisins, nous accumulons et nous mourons étouffés sous les rebuts de notre propre vie. Tout le monde dans la maison possède une bicyclette juste au cas où, un jour, peut-être, toutes les bicyclettes seraient utilisées en même temps. Nous gardons cinq paires de ciseaux parce qu'une paire est neuve et que les quatre autres — toutes un peu différentes mais en réalité parfaitement semblables — sont en trop bon état pour qu'on les jette. Nous avons une douzaine de grands verres à eau dépareillés dans une maison de trois personnes. «Juste au cas; juste au cas; juste au cas», nous disons-nous.

Les armoires se remplissent, les chambres se remplissent, les caves se remplissent, les greniers se remplissent de choses dont nous ne nous servons jamais — même pas une fois l'an — ou dont nous ne savons pas quoi faire maintenant que nous les possédons. Est-ce là de la simplicité? La simplicité ne consiste-t-elle pas plutôt à se débarrasser de ce dont on ne se sert pas au lieu d'accumuler des choses auxquelles on ne touchera plus? Il est plus facile d'imaginer vivre dans une cabane à couper du bois que de donner ses vieux marteaux quand on en achète des neufs. Et pourtant, des secteurs entiers de notre population manquent des choses que nous remplaçons sans y penser. Les Arabes ont raison. Tout ce que nous possédons aujourd'hui n'est que provisoire. Nous ne l'emporterons nulle part, alors ce qui nous empêche de nous en départir, c'est peut-être la peur que la vraie simplicité ne nous entraîne sur une route trop exigeante pour nous.

Affronter la société sans feinte, faire son chemin dans le monde, le cœur et les mains libres, nous ouvre ce qu'il y a de plus important dans la vie. La liberté est le vrai but, l'essentiel de la simplicité. Nous nous sommes à ce point cuirassés contre la vie que nous pouvons passer des années sans la vivre. Se balader en belle voiture empêche de sentir l'herbe pousser dans les fissures des vieux trottoirs. La « Musak », le son ambiophonique et les chaînes stéréo qui vous suivent du sous-sol à la salle de bain font qu'il devient impossible d'apprécier le silence. La télévision nous dispense de parler aux gens avec qui nous vivons depuis des années. La simplicité, par contre, est l'ouverture à la beauté du présent, quelque forme qu'il prenne, quelque lacune qu'il comporte. La simplicité, c'est évident, conduit à la liberté de l'âme. Quand nous cessons d'être habités par le besoin de ce dont nous pouvons nous passer, quand nous cultivons le sens de la satiété, quand nous apprenons à goûter les choses pour elles-mêmes, quand nous nous mettons à user de douceur même à l'égard de nos propres limites, nous nous trouvons libres d'être là où nous sommes et nous arrêtons de regretter l'endroit où nous ne sommes pas. Nous découvrons dans la simplicité un antidote à la dépression. Les moines du désert racontent une histoire qui apaise l'âme et protège le cœur sincère de la simplicité légaliste. « Il est bon, n'est-ce pas, de ne rien avoir dans sa cellule qui ne soit que source de plaisir, dit un jour l'abbé Marc à l'abbé Arsène. J'ai connu un frère qui a vu une petite fleur sauvage envahir sa cellule et qui l'a arrachée par la racine. — Fort bien, de répondre l'abbé Arsène, mais chaque personne devrait agir selon son tempérament spirituel. Et si quelqu'un ne peut se passer de la petite fleur, il devrait la replanter. » La simplicité n'est pas l'arithmétique de l'âme. La simplicité de vie ne porte pas du tout sur les choses. La simplicité, c'est de savoir les prendre — et de savoir les quitter.

Enfin, la simplicité de vie se manifeste dans une sérénité parfaite. La personne simple porte une grande attention à l'agitation qui consume le cœur. C'est l'agitation qui nous indique en quoi notre vie s'est égarée, pourquoi elle est devenue inextricablement complexe et éternellement confuse. Si nous manquons de simplicité, si le moindre retard nous énerve, si nous devenons malheureux dès qu'il faut changer de plan, si nous nous vexons en soupçonnant une vétille, si le manque de déférence nous irrite, si la privation du dernier gadget nous déprime, c'est que nous avons substitué à Dieu un dieu de notre cru. Et la vie simple, la sainteté du moment présent, la contemplation du divin dans le quotidien, la « pureté du cœur » qui nous permet de nous centrer sur l'éternel dans l'aujourd'hui, se dissipe en fumée. La simplicité devient contrefaçon. Vous aurez beau bûcher tout le bois que vous voudrez, donner tous les vêtements que vous possédez, chanter la vie des premiers colons, la simplicité vous aura échappé. Il n'y a tout simplement pas de simplicité dans un cœur bouillonnant d'agitation, dans une âme trop distraite par une myriade de projets et de produits pour reconnaître l'Unique qui est déjà parmi nous mais que nous masque le chaos.

Assurément, simplicité et sérénité partagent les mêmes harmoniques. Toutes deux évoquent l'imperturbabilité qui naît de l'enracinement dans un monde au-delà de nous-mêmes, où le Dieu qui est Tout attend que nous trouvions la vie en son foyer, par-delà l'encombrement des lieux communs, sous la chimère de l'image, derrière toutes ces choses qui passent pour Dieu.

Simplicité et sérénité, simplicité et honnêteté, simplicité et ouverture, simplicité et acceptation sont des synonymes restés trop longtemps secrets. Mais sans eux, la simplicité elle-même n'est que subterfuge.

« Cherche Dieu et non l'endroit où Dieu demeure », enseignaient les moines du désert. La leçon est importante. Nous ne pouvons pas jouer à trouver Dieu ; nous ne pouvons pas jouer à la vie. Il faut vivre constamment, intensément, consciemment. Il faut en arriver à voir le monde autour de nous avec les yeux de Dieu et réagir avec un cœur compatissant. Nous ne devons avoir en tête que le but de la vie, dépouillé de ses accessoires, axé sur l'éternité et fixé d'un œil posé. Le fait est que les journées tranquilles, la musique douce et les feux de bois peuvent nourrir en nous une certaine simplicité, mais si nous ne pouvons pas accepter la joute de tir au poignet que nous impose la vie — honnêtement, ouvertement, librement et sereinement — la simplicité de vie nous échappe encore. C'est la vie telle qu'elle est, et non la vie comme nous l'arrangeons, la trafiquons, la voulons et l'exigeons, qui est la matière première de la simplicité. « Cherche Dieu et non l'endroit où Dieu demeure. » Non l'endroit où nous disons que Dieu demeure.

CHAPITRE 2

Le travail

L ES ANCIENS RACONTENT QU'UN JOUR, un disciple demanda au maître : « Dieu a mis six jours à créer le monde et il n'est pas parfait. Comment est-ce possible ? — Aurais-tu fait mieux ? répondit le maître. — Je pense que oui. — Alors qu'est-ce que tu attends ? Vas-y. Mets-toi au travail. »

Cette histoire soulève, au sujet de la nature et de la place du travail dans la vie, trois questions qui continuent de tourmenter l'humanité. Le travail est-il un châtiment pour le péché ou une occasion de croissance spirituelle ? Le travail est-il quelque chose qu'il faut fuir, ou quelque chose qu'il faut embrasser ? Le travail est-il à l'opposé ou à la base de la vie spirituelle ?

Ce sont là des questions importantes.

Si le travail est censé être un châtiment, le fait de réussir à y échapper sera la preuve par excellence du développement spirituel et de la bénédiction de Dieu.

Si le travail est l'un des malheurs de la vie, il faut le fuir pour bien vivre : aspirer à une existence de loisir perpétuel.

Si le travail est l'ennemi de la vie spirituelle, les gens dont la vie est truffée d'enfants, de transactions et d'efforts pour joindre les deux bouts sont condamnés à l'immaturité spirituelle ou voués, au mieux, à la théologie des bonnes intentions : l'idée qu'on peut faire son salut même si on est trop occupé pour prier. Mais ils n'accéderont jamais ainsi à la véritable sainteté.

En réalité, selon un sondage du Center for Ethics and Corporate Policy, la plupart des Américains jugent leur travail très important pour leur vie spirituelle et voudraient être beaucoup mieux conseillés par leur église ou leur synagogue sur l'intégration du travail à leur vie de foi.

Et ils ont de bonnes raisons de le penser.

L'Écriture parle clair au sujet de la place du travail dans la vie humaine. Les êtres humains ont été placés dans le Jardin, enseigne le livre de la Genèse, «pour le cultiver et le garder». Autrement dit, le paradis terrestre n'était pas un refuge pour parasites sociaux. Adam et Ève étaient censés prendre soin de ce qu'on leur avait donné. Le jardin d'Éden n'est pas un havre d'irresponsabilité. C'est un lieu de créativité et d'engagement, de comptes à rendre et d'action constructive, un domaine dont on préserve les fruits et qu'on transmettra en héritage aux générations à venir.

Il n'y a aucun doute qu'avec le péché, il est devenu plus difficile de faire ce que nous étions déjà censés faire. Ce qui devait être facile à réaliser, il faut maintenant l'exécuter «à la sueur de son front». Mais ce n'est pas à cause du péché qu'il nous faut le faire. Bien au contraire. Le péché a troublé notre vision, c'est vrai. Nous avons souvent du mal à voir clairement ce que nous devrions faire dans la vie. Le péché nous a embourbés, oui. Nous sommes souvent en désaccord sur la façon de faire une bonne chose. Le péché a brisé les relations qui rendent le travail personnellement gratifiant et socialement reconnu. Il nous arrive trop souvent de nous disputer pour le profit et de perdre de vue le sens et le but du travail. Mais ce n'est pas à cause du péché que nous travaillons.

La Genèse le dit en toutes lettres: nous travaillons pour compléter l'œuvre de Dieu dans le monde. Par conséquent, le travail est probablement ce que nous faisons de plus sanctifiant.

Mais la question qui se pose, c'est de savoir ce que tout cela signifie pour nous aujourd'hui, à notre époque, dans notre pays et dans nos foyers.

Deux excès nous guettent aujourd'hui à l'égard du travail : la fuite compulsive dans le travail (*workaholism*) et la pseudo-contemplation.

Le travailleur compulsif peut se servir du travail comme d'un substitut. Le travail pourra être la façon d'éviter un mari mesquin ou une épouse terne et indifférente. Il nous épargnera du bruit des enfants ou nous fera oublier les factures. Grâce au bouclier du travail, nous serons dispensés d'avoir à faire quelque chose d'autre dans la vie. Plus besoin d'avoir à faire la conversation ou de passer du temps à la maison ou de cultiver notre sociabilité. Le travail peut aussi, tout simplement, satisfaire notre obsession de gagner toujours plus d'argent. Et cette forme de travail devient une profonde torture psychologique, un écran de plexiglas entre le travail et la vie, un antidote externe au sentiment de notre vacuité intérieure.

Ou alors le travailleur compulsif devient son travail. Si ce qu'il fait est apprécié, lui-même acquiert de la valeur. S'il échoue, sa vie entière est un échec. Le travailleur compulsif s'identifie à ce qu'il fait et quand s'arrête son activité — qu'il tombe malade, qu'il prenne sa retraite ou qu'il perde son emploi — c'en est fini de lui aussi. Finie l'estime de soi. Finie la joie de vivre. Sa raison d'être a disparu. Triste déformation du dessein de Dieu sur le travail humain, impasse tragique de ce qui offrait tant de possibilités exaltantes.

À l'opposé, la soif de pseudo-contemplation n'est pas moins consternante. S'imaginer que la vie sert à flâner et faire payer aux autres le prix de son oisiveté sous prétexte de quête spirituelle, c'est se moquer de la vie publique de Jésus. Quand nous étions au noviciat, la maîtresse des novices a été parfaitement claire. Aucune d'entre nous n'avait la permission d'aller à la chapelle en dehors des heures de prière. Le message était transparent, même au monastère : la paresse n'est pas une vertu chrétienne. La sainteté du loisir ne saurait servir de prétexte à l'irresponsabilité. La cocréation est une mission profondément gravée dans le cœur humain. Le travail lui-même est saint.

Mais pourquoi et comment?

La culture occidentale n'a pas été tendre à l'égard du travail. Nous avons une longue histoire de serfs qui travaillaient comme des esclaves et d'ateliers de misère qui dépouillaient les gens de leur dignité et de leurs droits fondamentaux. Nous avons connu un capitalisme qui a engendré une concurrence brutale et une répartition inégale des biens, de la créativité et du profit. Nous voyons les pauvres s'appauvrir alors même qu'ils travaillent. Nous voyons les riches s'enrichir sans travailler. Et nous comprenons que la classe moyenne doit travailler plus fort d'année en année pour arriver seulement à se maintenir au même niveau. Qu'est-ce qu'il peut y avoir de bon dans tout ça? Tout dépend du travail que nous faisons et des raisons pour lesquelles nous le faisons.

D'abord, le travail est ce que nous faisons pour continuer ce que Dieu a voulu faire. Le travail est censé être cocréateur. Tenir la maison belle, en ordre, spirituellement nourrissante et artistique, c'est de la cocréation. Travailler dans un atelier qui fabrique des engrenages pour des tracteurs, c'est de la cocréation. Travailler dans un bureau qui traite les demandes d'emprunt de personnes qui tentent elles-mêmes de rendre la vie plus humaine, c'est de la cocréation. Par contre, travailler à un projet scientifique qui n'a d'autre but que de détruire la vie, c'est bafouer la création. Affirmer que la science est aveugle, que la science est objective, que la science est impartiale quand on fabrique du napalm, des composantes d'armes biologiques et des doigts de détente au plutonium, c'est soulever des problèmes éthiques aux dimensions accablantes.

Le Dieu créateur continue de créer à travers nous. Par conséquent, avoir un talent qui permettrait de nourrir la communauté et le gaspiller sous prétexte que «la cuisine, c'est un travail de femme» ou que «plus vous en faites, plus on vous en demande», c'est frapper au cœur la communauté humaine et le processus de la création. Le travail doit donc être fait pour lui-même, parce qu'il est bon, parce qu'il est nécessaire, parce que nous sommes doués pour le faire. Le travail n'est pas simplement une façon de faire de l'argent pour pouvoir un jour ne plus travailler du tout. Le travail est ce qui nous rapproche de ce que le royaume est censé être. Et si le travail que nous faisons pour améliorer le monde ne réussit pas, avons-nous échoué? « Si tu comptes voir le fin produit de ton travail, dit un proverbe arabe, la question que tu poses est trop courte. »

Mais le travail n'est pas seulement quelque chose qu'on donne aux autres. Le travail développe aussi la personne qui l'exécute. Le travail est la forme de don qui revient toujours au donateur. Plus je travaille à quelque chose, plus je me perfectionne. Et mieux je sais faire quelque chose, mieux je me sens personnellement. C'est la crainte de n'être bon à rien qui détruit les gens. Le bon travail bien fait nous autorise à dire que nous sommes des membres précieux de la communauté humaine.

Enfin, le travail est un exercice d'amour. « Il n'y a d'autre but dans la vie que de servir l'humanité », disait Tolstoï. C'est ce dont j'ai pris soin qui a du prix à mes yeux. Les gens qui disent vous aimer mais ne font jamais rien pour vous, les gens qui prétendent estimer la famille mais ne participent jamais à aucune activité familiale, les gens qui disent s'inquiéter de la planète mais ne font jamais rien pour que la planète devienne plus habitable, n'ont pas encore compris que la vie est une entreprise de développement humain et que le travail en est la clé.

Le travail donne de la valeur au temps. Le temps est tout ce que nous avons pour donner à notre vie de la couleur, de la chaleur, de la texture. Le temps passé en griseries artificielles est voué à l'échec. Le temps passé à accumuler ce dont je ne pourrai jamais me servir est gaspillé. Le temps passé dans un désœuvrement terne et aride est la prison aux murs les plus épais. Mais le bon travail qui rend le monde moins rude, plus dense, meilleur que jamais est l'essence même de la satisfaction humaine et de la valeur spirituelle. Car le moment viendra où nous devrons nous demander à quoi nous avons consacré notre existence et en quoi nous avons contribué à améliorer la vie en général. Ce jour-là, nous comprendrons la valeur sanctificatrice du travail.

Dans notre société, le sens du travail a été gravement faussé et le travail lui-même, bien mal utilisé. La mondialisation de l'industrie soumet les gens à une nouvelle forme d'esclavage. Les grandes sociétés américaines quittent le pays pour aller produire des pièces d'ordinateur au Mexique, où elles paient de pauvres femmes 5 dollars par jour pour fabriquer des cartes électroniques qu'elles revendront 500 dollars, au détriment de la classe ouvrière de deux pays.

Le succès est devenu plus important que la valeur. La course à la réussite professionnelle, au lieu de la réussite dans la vie, continue de rendre les gens malades, de détruire les mariages et de faire grimper le niveau d'insatisfaction personnelle.

L'efficience est devenue un dieu qui accepte les sacrifices humains au nom de la chaîne de production et des profits qu'elle promet. Nous nous jetons sur ce qui fera le travail plus vite, pas nécessairement mieux. Nous embauchons des gens pour le profit et nous les mettons à la retraite dans la force de l'âge, sans leur verser de pensions, une fois qu'ils ont donné ce qu'ils avaient à donner à la compagnie, pour recruter la nouvelle génération, jeune, bon marché, inépuisable.

En réalité, il faudra retrouver la sainteté du travail pour pouvoir un jour retrouver l'humanité dans un monde blessé et menacé par les péchés contre la cocréativité du travail. La dissociation qu'engendre le fait de n'être qu'un petit point sur la chaîne de montage de la vie moderne a émoussé nos consciences et nous a aveuglés sur le rôle que nous jouons dans un monde où la mort est devenue notre principal produit d'exportation. Le temps n'est plus où la famille qui avait labouré son champ pouvait ensuite semer et récolter. Aujourd'hui, les propriétaires possèdent, les semeurs sèment, les arroseurs arrosent, les cueilleurs cueillent, les vendeurs vendent et personne n'est responsable des pesticides qui arrivent sur nos tables. Les scientifiques calculent, les concepteurs dessinent, les soudeurs soudent, les perforateurs perforent, les assembleurs assemblent, et le nucléaire n'est la responsabilité de personne.

Les conséquences d'une spiritualité du travail dans un monde comme celui-là sont évidentes, me semble-t-il : le travail est le don que je fais au monde. C'est ma fécondité sociale. Il me rattache au prochain et me lie à l'avenir.

Le travail est ce qui me sauve de l'égoïsme absolu. Il me donne une raison d'être qui va au-delà de moi-même. Il fait de moi un élément du possible. Il me donne espoir. Martin Luther a écrit : « Si je savais que la fin du monde allait survenir demain, aujourd'hui je planterais un pommier. »

Le travail me donne une place dans le salut. Il contribue à racheter le monde du péché. Il permet à la création de continuer de créer. Il nous rapproche tous un peu de ce que le royaume est censé être.

Le travail est fait pour édifier la communauté. Quand nous travaillons pour les autres, nous donnons de nous-mêmes et nous pouvons aussi faire l'aumône. Nous ne travaillons jamais, en d'autres mots, seulement pour nous.

Le travail contribue à l'épanouissement personnel. Il met à contribution les dons et les talents que nous savons avoir et fait appel à des ressources dont nous n'avions pas encore cons-cience.

Le travail est une ascèse. Quand nous regardons le travail qui nous attend, avec toutes ses difficultés, ses exigences, ses répéti-tions et ses irritants, et que nous l'acceptons, nous n'avons plus besoin de pénitences symboliques. Ce qu'exige de moi le travail de ce jour, c'est vraiment ce que je dois à Dieu. Et si je le fais bien, je ne manquerai pas de discipline spirituelle. Plus encore, quand notre travail n'est pas celui auquel nous aspirons mais que nous ne pouvons en avoir d'autre, quand notre salaire n'est pas celui dont nous avons besoin pour joindre les deux bouts mais que nous n'en aurons pas plus, quand nous voyons des travailleurs plus jeunes, des machines plus automatisées et des ralentissements de production empiéter sur le travail dont nous avions pensé qu'il allait assurer notre sécurité à vie, les vertus de foi, de simplicité de vie et d'humilité entrent en jeu et deviennent bien trop concrètes pour qu'on ose les enfermer dans un ritualisme vide ou une religiosité de parade. Le travail devient alors la matière première de la sagesse et du saint abandon.

Enfin, le travail est la façon pour nous de vivre en solidarité avec les pauvres du monde. Le travail est l'engagement que nous prenons de ne pas vivre au crochet des autres, de ne pas les parasiter, de ne pas tirer au flanc, de ne pas tricher. Donner moins qu'une journée de travail pour le salaire d'une journée, refiler le boulot aux subalternes, décider que les journées de maladie sont nécessairement des congés additionnels, prendre 30 minutes pour la pause de 15 minutes prévue à l'horaire, appliquer une seule couche de peinture quand on en a promis 2, ce n'est pas «cultiver le Jardin et le préserver».

Le travail est le don que nous faisons à l'avenir. C'est notre façon de montrer que Dieu continue de travailler dans le monde par notre entremise. C'est la matière même de l'ambition divine. Et il n'aura jamais de fin. «Veux-tu savoir, a écrit le philosophe, si l'œuvre de ta vie est terminée? Si tu es toujours en vie, elle ne l'est pas.» Comme le savaient bien le maître et son disciple, Dieu a besoin de nous pour compléter l'œuvre de Dieu. Aujourd'hui.

CHAPITRE 3

Le Sabbat

L E VINGTIÈME SIÈCLE pourrait bien, quand les historiens auront assez de recul pour en juger, former une grande époque de transition dans le développement de la race humaine. Deux guerres mondiales, l'holocauste institutionnalisé d'un peuple entier, la nucléarisation du globe, l'aube des transplantations d'organes, l'avènement scientifique du contrôle des naissances, le clonage des animaux, le pillage systématique des ressources naturelles et l'émergence d'Internet, autant d'indices d'un changement massif, d'un remodelage de l'économie humaine. Des situations comme celles-là, qui altèrent l'existence, représentent l'avant et l'après d'une ligne de partage des eaux culturelles. Si elles apparaissent aux uns comme le sommet de l'idéal des Lumières, elles sont aux yeux des autres la déchéance ultime de la philosophie classique. De l'un ou l'autre point de vue, elles signalent la diffusion triomphante de la science ou le procès de la théologie traditionnelle. En sont sortis certains des meilleurs et certains des pires moments de l'histoire de l'humanité.

En fait, le siècle nous a apporté de terribles menaces et d'extraordinaires possibilités. Curieusement, toutefois, même si chacun de ces moments historiques — comme plusieurs autres d'ailleurs, tout dépendant de l'observateur — peuvent figurer au catalogue des péchés de l'un ou dans le catéchisme du progrès de l'autre, le seul fait d'étiqueter bons ou mauvais ces éléments et d'autres semblables ne suffit pas à en établir la moralité. Il faut beaucoup plus qu'une bénédiction du public ou une dénonciation individuelle pour qualifier quoi que ce soit de moral, d'amoral ou d'immoral. Il y faut de la réflexion. Il y faut du soin. Il faut des critères d'évaluation. Il faut de la réflexion et de l'âme. Il faut exactement ce qui manque peut-être le plus à notre époque : l'esprit du Sabbat. La perte du Sabbat est probablement l'un des péchés capitaux de notre passé récent.

Nous savons jouer et nous en avons fait une grosse entreprise. Nous sommes adeptes du loisir comme d'un culte. La notion de Sabbat, toutefois, échappe complètement à la mentalité moderne. Bien que cette idée soit la plus ancienne dans la tradition judéo-chrétienne, elle a sombré dans l'oubli au sein d'une culture encombrée de voitures et d'avions, de centres commerciaux et de services disponibles 24 heures sur 24, 7 jours sur 7.

Les spécialistes du Talmud disent que si Dieu a créé le Sabbat, ce n'est pas qu'il ait eu besoin de repos mais pour nous donner l'exemple du repos, le sanctifier et l'exiger de nous, de sorte qu'en trouvant régulièrement en Dieu notre repos nous puissions nous refaire. Le Sabbat, dit la tradition, couronne la vie en lui ajoutant quatre dimensions.

Premièrement, grâce au Sabbat, toute personne dans la société est égale aux autres au moins un jour par semaine. Le jour du Sabbat, le riche et le pauvre ont droit l'un et l'autre au privilège d'une vie exempte de corvée. Deuxièmement, le Sabbat libère tout le monde. La classe supérieure dépose le fardeau de l'administration. La classe inférieure, celle des esclaves, est libérée de l'exigence de recevoir des ordres. Le troisième bienfait du Sabbat, nous enseignent les rabbins, est l'avant-goût du ciel qui vient du repos trouvé en Dieu, du ressourcement de la vie de famille et de l'intériorisation de la Parole qui nous sustente pour le reste de la semaine. La quatrième bénédiction du Sabbat vient de ce qu'on prend le temps de considérer le but de l'existence, de décider si on peut dire comme le Créateur à propos de son propre travail :

c'est bien. Le produit que je fabrique soutient la vie et je vois que c'est bien. Les salaires que je paye favorisent la vie : c'est bien. Les décisions que je rends servent la justice et la vie : c'est bien.

Le Sabbat, en d'autres mots, est censé enrichir la vie, mesurer la vie, apporter de la réflexion à la vie, faire naître la vie dans l'âme.

Le Sabbat, c'est trouver son repos dans le Dieu de la vie et, en conséquence, contribuer soi-même davantage à la vie. Le Sabbat marque un temps d'arrêt en pleine course et donne l'occasion de recommencer, chaque semaine. Si un septième de chaque existence a été consacré au repos, nous avons reçu 52 jours par année, plus de 3 500 jours sur 70 ans, soit environ 10 années de Sabbat, ou de repos, ou de réflexion dans l'espace d'une vie — tout cela pour décider du sens et du contenu, du but et de l'orientation de notre vie. Le Sabbat devrait être fait de journées d'arrêt de jeu, qui nous permettent de regarder la vie d'un œil neuf et d'un regard plus profond. Le Sabbat nous appelle à adorer ce qui mérite d'être adoré et à expulser du foyer de notre âme ce qui ne le mérite pas.

Mais notre société a trouvé d'autres objets à adorer le jour du Sabbat. Nous adorons la consommation en faisant des dimanches certaines des plus grosses journées de magasinage de l'année. Nous adorons être libérés de la famille, du culte, de nous-mêmes. Penser est aujourd'hui la dernière chose que nous voudrions faire le jour du Sabbat. Nous avons fait de la pensée un état végétatif, et nous l'avons appelé repos. Nous avons fait de l'âme un désert, et nous l'avons appelé activités récréatives. Nous avons substitué le jeu et les loisirs à l'introspection et à la beauté, à l'intimité et à la considération des réalités les plus importantes. Nous avons créé une culture qui fait du Sabbat une course à l'évasion, une obsession pour les objets, un collage de distractions, un hymne à la vacuité.

En conséquence, nous sommes loin, très loin du Sabbat et bien près, tout près de la dispersion sociale.

Nous ne nous arrêtons plus pour penser. Nous ne nous arrêtons plus du tout, en fait. Notre génération a appris la « gestion du temps » et le fonctionnement multitâche. Nous ouvrons notre courrier en parlant au téléphone. Nous corrigeons des textes ou nous classons des fichiers informatiques tout en regardant la télé. Nous amenons les enfants jouer au parc mais nous restons assis dans la voiture pour finir de rédiger un rapport. Nous travaillons tous les jours de la semaine et deux fois plus le Sabbat, qui est devenu une journée de rattrapage au lieu d'un temps de réflexion. Nous avons perdu le sens de l'attention, de la pleine conscience, de ce que la tradition monastique appelle la vigilance. Pas étonnant que nous puissions en arriver, sans presque le remarquer, à pratiquer le clonage humain. Pas étonnant que nous puissions observer l'oppression de la moitié du genre humain comme si cela allait de soi. Pas étonnant que nous laissions s'effilocher la vie sans trouver le temps de participer au débat public nécessaire au consensus social et qui nous éviterait de nous faire imposer ce dont nous ne voulons pas, d'aboutir à ce que nous jugerons moralement insoutenable, de léguer à nos enfants l'impensable.

Quand Yahvé a créé le Sabbat, a surgi du même coup le spectre de l'irréflexion. La prise de conscience ayant été rendue possible, la possibilité de la distraction se trouvait créée, elle aussi. Nous avons lâché sur le monde des armes nucléaires sans penser aux implications morales de ce geste, pas plus à l'époque que maintenant. Nous nous sommes frayé un chemin à travers les forêts pluviales sans nous arrêter à réfléchir, comme peuple, aux conséquences pour les générations à venir. Nous avons perdu le sens du Sabbat et nous n'avons pas remarqué, comme culture, l'inanition de l'âme, la perte de l'intimité et l'épuisement de l'esprit qu'entraîne chez nous la privation de réflexion. Nous avons fait du dimanche un jour de semaine et nous nous demandons ce qui arrive au voisinage, à la nature et à notre système nerveux.

Nous performons en mode multitâche. Nous achetons. Nous nous fuyons nous-mêmes à une vitesse accélérée. Le péché, de toute évidence, ne vient pas de la science, du profit, du jeu. Le péché vient de la perte de l'esprit du Sabbat, qui nous rappellerait régulièrement que la science, l'argent et le jeu ne sont que des éléments de la vie, pas l'essentiel.

«À l'heure actuelle, chacun exploite l'autre, dit l'adage. Après la révolution, ce sera exactement le contraire.» Faute d'un réveil de l'esprit du Sabbat, cela ne fait pas le moindre doute.

CHAPITRE 4

La bonne intendance

NOUS AVONS, COLLECTIVEMENT, tout essayé pour « faire la belle vie » sans avoir à en payer le prix. Nous avons développé la technologie, multiplié les lois, intensifié notre effort pédagogique, mais rien ne semble marcher. Peut-être le moment est-il venu d'essayer quelque chose qui a assez bien fonctionné pour sauver une civilisation il y a quelques siècles, et qui pourrait peut-être nous sauver aujourd'hui.

Le fait est qu'à un ensemble de valeurs — travail, respect de la terre, simplicité, attention et bonne intendance — notre génération a préféré d'autres avantages : profit, consommation, rendement rapide, gains à court terme et gratification instantanée. Il en résulte, semble-t-il, une société qui se détruit elle-même, victime de son propre succès.

Les récoltes n'ont jamais poussé si vite et n'ont jamais été si abondantes dans l'histoire de l'humanité, et pourtant plus de gens meurent de faim chaque année sur des terres stériles. L'eau n'a jamais été aussi canalisée ni aussi polluée ; jamais elle n'a été autant en demande dans toute l'histoire de la civilisation mais jamais son coût n'a été plus élevé. Les voyages et les contacts entre populations n'ont jamais été si fréquents mais la paix et la sécurité font défaut. Les gens n'ont jamais été employés en si grand nombre par la grande industrie dans tous les pays du monde, et pourtant une multitude de gens n'ont jamais été plus pauvres ou moins capables de subvenir à leurs propres besoins.

Depuis des générations, les pays que nous disons « sous-déve-loppés » fournissent des ressources naturelles et de la main-d'œuvre pour satisfaire les besoins et les caprices de l'Occident mais ils n'en sont devenus ni plus riches ni, évidemment, plus développés.

Toute la question est de savoir pourquoi. Et la réponse revêt une importance cruciale pour chacune et chacun de nous parce que, cette fois, c'est le sort du globe qui est en jeu et non plus seulement celui du voisinage ou du pays.

Les soufis racontent une histoire qui illustre parfaitement le problème et voilà qu'une spiritualité à la fois très ancienne et très moderne nous offre un modèle de réponse possible. Les soufis racontent l'histoire d'un groupe en quête de la plénitude de la vie : « Il y a trois étapes dans le développement spirituel de la personne, dit le maître : l'étape charnelle, l'étape spirituelle et l'étape divine. — Alors, maître, de dire de fervents disciples, qu'est-ce que l'étape charnelle ? — C'est l'étape où les arbres semblent des arbres, et les montagnes des montagnes, de répondre le maître. — Et l'étape spirituelle ? demandent les disciples. — L'étape spirituelle, c'est quand on jette sur les choses un regard plus profond. Alors les arbres ne sont plus des arbres et les montagnes ne sont plus des montagnes. — Et l'étape divine ? questionnent les disciples fascinés. — Ah, oui, l'étape divine, dit le maître en souriant. Eh bien, l'illu-mination divine, dit le maître en s'esclaffant, c'est quand les arbres redeviennent des arbres et les montagnes des montagnes. »

Nous avons nous-mêmes beaucoup à apprendre de cette his-toire. Même un coup d'œil superficiel sur les cinquante dernières années ou sur la transition du monde agricole à la société indus-trielle au cours des deux derniers siècles indique clairement un renversement d'attitude par rapport à l'idée de nature et à notre place dans la nature.

En 1940, quand un couple s'achetait des meubles de salon, il comptait les garder pour la vie, les déménager dans sa première maison, là où il élèverait ses enfants, et en faire le cœur de la demeure où il recevrait ses petits-enfants. À cette époque-là, les gens voyaient dans les arbres des arbres. Si vous en utilisiez un, vous en replantiez un. Si vous en transformiez un pour répondre à vos besoins, vous respectiez la vie qui l'habite, vous en preniez soin et vous le gardiez indéfiniment.

Aujourd'hui, les meubles de salon et les arbres qui servent à les fabriquer sont mis au rebut régulièrement. On abat continuellement des arbres pour fabriquer de nouveaux meubles de salon pour des gens qui se sont fatigués de ceux qu'ils possédaient. Aujourd'hui, les arbres ne sont pas vus comme des arbres. Aujourd'hui, les arbres, l'eau, l'air et le sol ont pris l'aspect du profit pour un petit nombre, de la prospérité pour les autres, l'aspect du manque pour un trop grand nombre et, le plus tragique, c'est que nous croyons avoir progressé.

À Mexico, on a besoin d'air pur mais les industries consomment et contaminent l'air plus rapidement que la nature ne peut en régénérer pour la prochaine génération, et la menace de lésions cérébrales plane dans chacun des nuages du smog qui pèse sur la ville.

En Haïti, les collines ont été déboisées parce que les pauvres n'ont d'autre combustible que le bois mais, pour cette raison, les vallées sont inondées à chaque printemps, ce qui détruit les maisons, les récoltes et la vie de gens trop pauvres pour avoir autre chose à perdre.

Aux Philippines, le pays archipel, l'eau est polluée et dangereuse à cause des fosses d'aisance à l'air libre et des déchets industriels non réglementés.

Il est déjà grave que les gens soient privés de ressources naturelles et que les réserves planétaires soient en train de s'épuiser mais le plus consternant, c'est que nous avons présenté la déchéance humaine provoquée par une recherche irréfléchie du profit comme le jugement de Dieu prononcé contre les paresseux, les ineptes et les spirituellement immatures. Dieu comble les justes de biens matériels, prétendaient les théologiens de la révolution industrielle. Dès lors, ceux qui sont privés de biens le sont avant tout par manque de vertu. La bonté, en d'autres mots, nous donne droit à la bénédiction divine, et la prospérité traduit la faveur de Dieu. Quant aux autres, au dire des évangélistes du capitalisme, ce sont des êtres de péché car autrement Dieu serait venu répondre à leurs besoins. Par conséquent, nous sommes allés jusqu'à blâmer les pauvres pour l'état dans lequel ils se trouvent, sans nous reconnaître envers eux la moindre obligation.

Or les besoins sont immenses. Et il ne s'agit pas de scruter la morale de ceux qui vivent dans la misère. D'après le World Watch Institute (en 2002), les États-Unis et l'Europe dépensent à eux seuls 18 milliards de dollars par année en cosmétiques, 17 milliards en nourriture pour animaux de compagnie, 15 milliards en parfums, 14 milliards en croisières, et même 11 milliards en crème glacée pour l'Europe seulement. Cela fait déjà 75 milliards de dollars.

Par contre, pour éliminer la faim et la malnutrition dans le monde, il faudrait 19 milliards de dollars; on pourrait assurer l'alphabétisation universelle pour 5 milliards, donner accès à l'eau potable pour 10 milliards, et vacciner tous les enfants du tiers-monde pour à peine un peu plus d'un milliard. Pour un total de 35 milliards de dollars.

Plus d'un milliard d'êtres humains, 20 pour cent de la population mondiale, n'ont pas accès à l'eau potable, 40 pour cent de la population mondiale n'ont ni toilettes ni lavabos et, avec la multiplication des sécheresses attribuables à l'augmentation des gaz à effet de serre, des millions de gens meurent de faim.

Il y a là sûrement quelque chose d'immoral mais, cette fois, ce sont les politiques, les stratagèmes et les dépenses des pays riches qu'il s'agit d'examiner. Si le monde qui dépense chaque jour des millions de dollars en outils de destruction a besoin de sécurité et de défense, c'est certainement la sécurité alimentaire, la sécurité de l'air et de l'eau qui doivent avoir la priorité. Autrement, les générations futures qui voudront assurer la sécurité des leurs souffriront de malnutrition et n'auront peut-être ni la santé mentale ni la rigueur logique ni l'intelligence voulue pour le faire sans léser les autres.

C'est la protection contre l'érosion, contre l'énergie perdue et contre le pillage des ressources mondiales qui est la clé de la souveraineté nationale et de la paix mondiale. Comme le disciple soufi, nous avons commencé à voir autre chose dans les arbres et les montagnes — le profit, la bonne vie, les biens de consommation, la production —, quelque chose qui nous paraît divin mais qui est encore loin de représenter la vie en plénitude pour tout le monde. La bonne vie ne peut pas n'être que cela, nous le savons bien.

Mais alors, où aller chercher un modèle de vie globale si notre système d'enseignement, notre société technologique et nos politiques gouvernementales sont apparemment incapables de nous donner des normes qui nous permettent de dépasser une soif insatiable de choses toujours plus abondantes ? Et qu'est-ce qu'il faudra changer dans notre manière de vivre pour en arriver à préserver un certain niveau de dignité, de beauté, de santé, d'épanouissement… et le globe lui-même ?

La réponse, me semble-t-il, est double. D'abord, nous devons commencer à réexaminer nos théologies de la création. Ensuite, il nous faut revenir aux idéaux qui ont déjà une fois sauvé l'Europe avant d'être sacrifiés au gain à court terme. La réponse me paraît se trouver dans l'histoire et dans les valeurs d'un mode de vie conçu au cinquième siècle et qui a conservé son dynamisme jusqu'à aujourd'hui.

Le monachisme bénédictin fut une grâce pour une époque difficile. Et le cinquième siècle européen a sûrement été une période difficile. Avec la chute de l'Empire romain, les campagnes étaient à feu et à sang. Les truands hantaient les routes conduisant aux marchés, les petites villes étaient laissées sans protection et n'avaient pas de services publics, de grandes propriétés avaient été dévastées, les paysans dépossédés ; partout l'insécurité, la précarité, le sous-développement.

Les gens mouraient de faim sur des terres en friche ou erraient affamés sur des routes mal entretenues, en quête de travail et de nourriture, d'une ville abandonnée à une autre où l'ordre n'était plus qu'un souvenir, où le marché était fermé depuis longtemps. Le monde des villes raffinées qu'avaient rendu possible les routes romaines, le droit romain, les soldats romains et l'administration romaine était, en pratique, révolu. La société n'était plus qu'une succession de villages ruraux où des paysans pauvres et non instruits survivaient sur une terre aride et durcie.

Le monachisme devait servir de plateau d'embrayage économique et faire contrepoids au chaos.

Le monachisme bénédictin a été conçu pour être communautaire, stable et autosuffisant. Contrairement à d'autres figures religieuses de l'époque, les moines ne menaient pas une vie solitaire dans des cellules au désert ou dans des ermitages en forêt. Ils n'erraient pas dans la campagne en mendiant des aumônes ou de la nourriture. Ils n'étaient pas des athlètes spirituels dont la piété s'appuyait sur des exploits de jeûne ou de privations.

Les moines bénédictins étaient formés à une vie communautaire axée sur Dieu, en paix avec toute l'humanité à l'intérieur comme à l'extérieur de leurs monastères, et en harmonie avec la nature. « S'ils vivent du travail de leurs mains, dit la Règle de saint Benoît, comme l'ont fait nos ancêtres et les apôtres, ce sont de vrais moines. » (RB 48,8)

Le plus important, peut-être, c'est que les moines eux-mêmes étaient attachés à la terre. L'emplacement de leur monastère déterminait l'endroit où ils devraient faire vivre les communautés qui grandissaient et se multipliaient. Quelle que fût la qualité du sol, il leur fallait cultiver la terre, la bonifier, récolter ses fruits et en vivre. À travers toute l'Europe, les moines ont défriché les forêts et remis en état des terres laissées en friche et dévastées lors des grandes invasions. Un groupe de moines, les cisterciens, choisit même de s'établir dans des endroits sauvages où il leur fallait d'abord défricher, et leur ordre a ainsi transformé des régions entières en aménageant de riches terres agricoles ou en reboisant des vallées.

Autour de ces grandes communautés stables, dont la propriété s'agrandissait d'année en année grâce au travail de mise en valeur et aux dons de pieux bienfaiteurs, se sont développés des villages pour lesquels le monastère devint l'employeur, l'école, le foyer spirituel et le centre social. Le monastère lui-même devint l'industrie locale et l'axe social de développement de sociétés entières.

Les propriétés données aux monastères étaient rarement attenantes au premier domaine occupé. Les champs, les prés, les vignobles, les forêts et les eaux des monastères étaient plutôt dispersés un peu partout à travers le continent. Des monastères français possédaient des terres dans la région orientale de l'Empire, alors que le monastère de Fulda, en Allemagne, avait des terres en Italie. Autour de l'an 1100, plus de 2000 communautés étaient rattachées à la seule abbaye de Cluny : elles travaillaient, se structuraient, administraient des fermes féodales et organisaient leur production selon un même modèle partout en Europe. Comme l'a écrit John Henry Newman, les bénédictins « n'étaient pas des rêveurs sentimentaux, épris de la mélancolie du vent, du méandre des ruisselets, du murmure des chutes ou du secret des bocages [...] » Non, ces moines « savaient labourer et moissonner, [...] aménager des haies et des fossés, [...] drainer, [...] ébrancher, [...] travailler le bois, [...] le chaume, [...] clôturer leurs bâtiments, [...] construire des routes, [...] détourner ou protéger le lit d'un ruisseau ». Et à mesure qu'ils progressaient d'un endroit sauvage à l'autre, « s'estompait l'aspect sinistre de la forêt... »

Et surtout, chacun des monastères qui suivaient la Règle de Benoît s'inspirait d'une vision du travail et de la terre qui allait marquer pour des siècles le continent et ses peuples.

Qu'est-ce donc que les monastères ont appris aux gens pour leur permettre d'arracher un continent épuisé à la décadence et à l'exploitation abusive, et qui pourrait constituer une bonne nouvelle pour notre temps ?

La réponse, c'est que le monachisme bénédictin est autant une façon de voir, de travailler et de vivre qu'une façon de prier. Il représente une perspective spirituelle qui affecte tout le style de vie de la personne.

La Règle de Benoît ne traite pas explicitement de la gestion des propriétés ou de la culture de la terre. Ce qui intéresse la Règle de Benoît, c'est l'attitude des individus face à l'existence. En conséquence, ce mode de vie dure depuis plus de 1500 ans et pourrait bien être aussi important pour notre génération que pour celles qui l'ont précédée.

Pourquoi ? Parce que la règle de vie de Benoît de Nursie n'entend pas « dominer » la terre, comme l'ont suggéré certaines interprétations du livre de la Genèse. La théologie de la vie de Benoît se fonde plutôt sur le passage de la Genèse qui enseigne que l'humanité a été placée dans le Jardin « pour le cultiver et en prendre soin ».

Benoît exige du moine cinq qualités qui déterminent ses rapports aux choses de la terre : la louange, l'humilité, la bonne intendance, le travail manuel et la communauté. Chacune a pour but de permettre à la création de continuer de créer.

Le monachisme bénédictin enracine la personne dans une communauté de louange. Face à la vie, les moines ont une attitude positive, façonnée par la récitation quotidienne d'une psalmodie qui souligne la splendeur de Dieu dans la nature ainsi que la bonté et la cohésion interne du cosmos. « Soleil et lune, bénissez le Seigneur », récite le moine chaque semaine. « Lumière et ténèbres, vent et pluie, bénissez le Seigneur », continue le psaume. « Oiseaux du ciel et créatures de la mer, bénissez le Seigneur. » Il n'y a pas ici de message sinistre. Dans la spiritualité monastique, tout ce qui existe est bon, doit être remarqué, honoré, traité avec respect. Rien n'est superflu. Tout a une valeur. Rien n'existe sans raison, sans but. Rien n'est sans beauté, sans qualité, sans valeur.

Pour qui a une vision monastique de la vie, prendre quelque chose à la terre sans le remplacer, détruire sans réhabiliter, posséder sans mettre en valeur, c'est violer le pacte de la vie. Rien de plus monastique que de reboiser les forêts de l'Europe, de bonifier les marais français et d'irriguer les champs allemands au Moyen Âge. Et c'est encore un talent monastique, à une époque qui détruit impunément, de reconnaître la valeur de chaque chose, de recycler au lieu de gaspiller, de conserver l'énergie au lieu de polluer, d'aménager l'environnement au lieu de le défigurer, pour que le monde entier puisse s'unir au chant de louange.

L'humilité bénédictine — l'idée selon laquelle nous avons chacune et chacun notre place dans l'univers, place unique mais non envahissante, exaltante mais non dominatrice — est un antidote à l'excès sous toutes ses formes. Selon la vision du monde bénédictine, les moines doivent avoir ce dont ils ont besoin et absolument rien de plus : une petite chambre, les outils de leur métier, un régime alimentaire équilibré, des vêtements ordinaires, de bons livres. Le moine doit évidemment recevoir le nécessaire mais il n'accumulera rien pour que les autres puissent, eux aussi, avoir ce qu'il faut pour vivre. «Chaque fois qu'on reçoit un nouveau vêtement, il faut tout de suite remettre l'ancien et le conserver dans un garde-robe pour les pauvres», prescrit la Règle (55). Autrement dit, personne n'a de droit exclusif sur les fruits de la création.

L'humilité et le souci de tenir sa place, qui en découle, ont amené les moines du Moyen Âge à offrir des lieux de refuge aux pauvres pèlerins et à loger leurs novices d'origine noble dans des dortoirs et de simples cellules à côté de paysans sans instruction et de travailleurs manuels. C'est l'humilité qui poussait les moines à prendre soin du sol au lieu de simplement l'exploiter.

À une époque qui prêche l'évangile d'un individualisme grossier et d'un capitalisme «libéral», la spiritualité monastique est un cadeau jeté aux pieds d'une société appauvrie au profit de l'oligarchie des riches. L'humilité bénédictine se dresse avec simplicité face à la cupidité, au consumérisme tapageur et à la goinfrerie du tiers de l'humanité, qui en Europe et en Amérique du Nord consomme les deux tiers des ressources du monde. Le fait est qu'aucun de nous n'a conscience de consommer ce qui, de droit, appartient à quelqu'un d'autre.

La bonne intendance est un état d'esprit monastique qui imprègne pratiquement toute la Règle. Le moine doit «prendre soin des biens du monastère comme s'ils étaient des vases sacrés». On rappelle à l'abbé qu'il lui faudra «rendre compte de son administration». «Qu'il sache bien, lui enjoint-on, qu'il doit rechercher ce qui est à l'avantage des moines, et non son prestige personnel.» Le cellérier, administrateur du monastère, doit gérer les ressources de la communauté «comme un père», particulièrement attentif «aux malades, aux enfants, aux hôtes et aux pauvres» (RB 31). Jamais la vie monastique, ni aucun de ses éléments, n'existe seulement pour elle-même ou pour son propre profit. Ce que fait le moine bénédictin, comme ce qu'il a, doit toujours servir à l'autre.

Dans un monde qui ne pense qu'à contrôler les ressources, le travail, les profits et les marchés, l'écologie monastique appelle à aimer l'ensemble de la planète et toutes ses populations.

Le travail manuel, le façonnage de nos mondes individuels, est caractéristique du monachisme bénédictin. Chaque moine, si instruit, si important qu'il soit, doit littéralement prendre sa vie en mains, en pelletant de la boue, en semant des graines, en transportant des pierres et en creusant des puits.

C'est le travail manuel qui fait du moine le cocréateur d'un univers où la création continue de créer tous les jours. Quand vous avez lavé un plancher, réparé une chaise, peinturé un mur, dégagé un acre de terre et nettoyé une machine, le plancher, la chaise, le mur, la terre et la machine ont de l'importance pour vous. Vous êtes devenu responsable de leur vie.

Or le sentiment d'être responsable de la vie, c'est peut-être ce qui manque le plus à notre monde. Dans la société du jetable, rien ne paraît plus avoir de vie. Les choses n'ont qu'une utilité passagère. En conséquence, nous avons rempli nos décharges de verres de polystyrène qui nous ont servi une fois, à demi pleins, et que nous avons jetés sans qu'ils puissent jamais plus servir, en continuant d'enterrer le genre humain sous ses déchets.

Inconscients du temps qu'il faut pour décontaminer une rivière polluée, pour amener un arbre à maturité ou pour dissiper un champ de smog, nous polluons nos lacs en jetant nos bouteilles à l'eau, nous rejetons des tonnes de papier et nous laissons trois personnes se rendre au même endroit dans trois voitures différentes, jour après jour. Nous sommes bien loin des champs et des cuisines d'autrefois et nous vivons aujourd'hui dans des postes de travail modulaires meublés d'ordinateurs et d'autres machines, dont les retombées n'ont pour nous aucun sens. Quand un jeune homme presse le bouton qui déclenche un test nucléaire, c'est qu'il a perdu la façon monastique de voir la vie, qui vient de ce qu'on a travaillé de ses mains pour la préserver. Quand une jeune femme met à la poubelle la moitié d'une casserole au lieu d'apprêter les restes, c'est qu'elle n'a plus rien de la perspective monastique. Quand une famille jette bouteilles ou canettes par la fenêtre de la voiture, c'est qu'elle a perdu le sens de la valeur des choses, qui vient avec le travail manuel et qui est essentiel à la perspective monastique de cocréation de la vie.

Finalement, le monachisme bénédictin s'enracine dans une communauté humaine, stable, talentueuse, égale et nécessiteuse. Au cinquième siècle, à une époque où l'on estimait que l'esclavage était dans l'ordre des choses, les membres de la communauté monastique vivaient sur un pied d'égalité, nobles et paysans, savants et analphabètes, supérieurs et membres, côte à côte. Seul le respect pour le nombre d'années passées dans la vie religieuse et la nouvelle mentalité qu'elle faisait naître dans une société marquée par la violence et l'exploitation fixaient entre eux l'ordre de préséance.

Dans ce monde où personne ne pouvait être tenu pour le serviteur, le laquais ou la colonie d'un autre, chacun avait le même droit aux biens de la communauté. Seule la notion de « ce qui suffit» réglementait la répartition des biens communautaires. «Celui qui a besoin de moins devrait rendre grâce à Dieu et ne pas s'inquiéter, dit la Règle, mais quiconque a besoin de plus devrait éprouver de l'humilité pour sa faiblesse…» (RB 34) Dans cette société qui voyait dans la richesse intérieure le seul trésor digne d'être recherché, l'idée de tenter d'accumuler des biens dénotait clairement une faiblesse de caractère.

L'heure est venue de reconnaître la faiblesse de caractère que dénotent notre consumérisme voyant et notre capitalisme cupide. L'heure est venue de comprendre que le reste du monde n'est pas pour nous une cour à dominer, mais un jardin «à cultiver et à préserver».

C'est précisément cette culture monastique axée sur la louange, l'humilité, la bonne intendance, le travail manuel et la communauté qui a formé l'Europe, qui l'a fait fructifier et qui a sauvé la civilisation occidentale. Or ce sont ces choses qui nous font défaut et dont l'absence met en danger notre époque.

L'illumination pour notre époque, comme pour les disciples du maître soufi, exige que nous commencions par voir dans les arbres des arbres, dans les montagnes des montagnes, mais d'un œil neuf. Il nous faut apprendre à voir la planète comme une réalité douée de sa vie propre, un être saint, rempli de la gloire de Dieu. Elle n'est pas là pour être exploitée par nous, rejetée par nous, utilisée par nous pour un avantage fictif et à court terme. Il nous faut commencer à percevoir le caractère sacré de la vie elle-même, sous toutes ses formes, pour toutes les populations de la terre. Il nous faut commencer à comprendre que la nature n'est pas séparée de nous ; elle est notre fondement. Son destin est notre destin. Son avenir est notre avenir. Sa vie est essentielle à la nôtre.

Si nous pouvons commencer à voir autrement, à penser autrement et à vivre autrement que les générations qui nous ont précédés, nous pourrons faire pousser des récoltes suffisantes pour nourrir tout le monde. Nous arriverons non seulement à faire couler l'eau dans les déserts mais à la conserver propre, limpide et salubre. Nous aurons l'eau qu'il nous faut à un prix raisonnable parce que nous aurons appris à la conserver au lieu de la gaspiller. Nous aurons la paix et la sécurité qui naissent de ce que les gens ne se sentent menacés ni par la faim ni par l'arbitraire. Nous aurons un monde où chacun recevra son juste salaire pour le travail de ses mains. Nous aurons un monde où le fait d'appartenir à un pays « sous-développé » sera un défi, et non un état de vie, une maladie mortelle, un fléau sans espoir.

Oui, si nous commençons à voir les choses d'un œil monastique nous serons peut-être capables de sauver la civilisation une fois encore. Nous verrons que toute la vie est bonne et nous refuserons de la dominer et de la diminuer. Nous aurons l'humilité de reconnaître notre place dans l'univers et de respecter, de restaurer, de ranimer la vie autour de nous. Nous nous verrons comme les intendants fidèles de la planète, pas comme ses propriétaires, et nous la transmettrons indemne à la prochaine génération. Nous travaillerons à aménager un monde de beauté et de possibilité. Nous édifierons la communauté humaine de telle sorte qu'il n'y ait pas de peuples « non développés ».

Thomas Merton a écrit : « Il faut prendre ensemble Dieu et les créatures, voir Dieu dans la création et la création en Dieu, et ne jamais les séparer. Alors tout manifeste Dieu au lieu de Le cacher, ou de se dresser comme un obstacle devant Lui. » Telle est bien la vision monastique qui nous appelle à voir les arbres et les montagnes d'aujourd'hui comme relevant de la gloire de Dieu… et à les traiter en conséquence.

CHAPITRE 5

La contemplation

JEUNE RELIGIEUSE, je me rappelle avoir beaucoup travaillé la prière. Je me préparais scrupuleusement à la prière. À l'époque, notre prière était en latin. Je n'étais pas trop mauvaise en latin mais personne ne peut affronter les subtilités de la vie spirituelle dans une langue étrangère. Alors, je me préparais aussi en anglais. Mais en dépit de la qualité de ma préparation, je ne voyais rien se produire dans ma vie. Je ne me sentais pas plus proche de Dieu et je n'avais pas davantage conscience de sa présence.

Puis, au début des années soixante, on m'a remis un exemplaire de *L'abandon à la divine Providence* de Jean-Pierre de Caussade. Ce livre m'apporta quelque chose qui me manquait. C'était la notion du sacrement de l'instant présent, l'idée que ce qui existe maintenant est le lieu de la présence de Dieu pour moi maintenant.

La conscience de la présence de Dieu est ainsi devenue pour moi la valeur la plus importante. Après cela, j'ai commencé à saisir que nous sommes plongés en Dieu. Mais la conscience que nous en avons est très limitée. Je pense que c'est parce que nous avons été formés à prier au lieu d'être formés dans la prière.

Quand vous êtes formé à prier, vous pouvez vous retrouver armé d'une somme phénoménale de formules, et l'Église d'avant Vatican II en avait en quantité. Ces formules auraient dû être des aides pour la prière mais elles devenaient souvent des fins en elles-mêmes. Par exemple, les neuf premiers vendredis du mois, les tant de samedis, les dizaines du rosaire. C'est ce que j'ai en tête quand je dis que nous avions été formées à prier. C'était une approche axée entièrement sur le produit.

Être formé dans la prière, par contre, peut mener à la contemplation. Le point de départ est la prise de conscience que tout le monde peut éventuellement devenir contemplatif. La contemplation ne demande qu'à être accueillie. Tout ce que vous avez à faire, c'est de vous y abandonner. Ce qui veut dire, non pas vous donner à la prière, ou à la formule de prière, mais à quelque chose qui est au-delà de la prière et ce quelque chose, bien sûr, c'est Quelqu'un, Dieu.

Les contemplatifs sont des gens dont la conscience de Dieu imprègne toute la vie. La conscience qu'ils ont de la présence de Dieu les magnétise et les transporte par delà tout le reste, par delà toutes les autres valeurs. Les contemplatifs ont conscience que Dieu les crée, les soutient et les interpelle. En conséquence, toutes les autres valeurs, tous les autres ordres du jour tombent. Je ne dis pas que les contemplatifs ne trouvent aucune valeur à autre chose — la carrière, l'argent, la réussite. Mais ces choses ne deviennent jamais pour eux la plus grande valeur. C'est la conscience de la présence de Dieu qui reste la plus grande valeur.

En somme, d'après tous les grands mystiques, la contemplation serait, et à mon avis elle l'est toujours, cette conscience d'être enraciné en Dieu, d'être entouré de Dieu, d'être conduit par Dieu, d'être en présence de Dieu, d'apprendre à voir la vie avec les yeux de Dieu, d'avoir conscience de l'amour de Dieu, de son action, de son appel.

Les mères et les pères du désert disaient que c'était par le travail manuel qu'on arrivait le mieux à la *contemplatio*. Les anciens textes ont toutes sortes d'histoires sur le travail que faisaient les contemplatifs — on répète souvent qu'ils tissaient des paniers.

Le lien entre travail et contemplation est très intéressant. Les mères et les pères du désert disaient que la contemplation n'est pas l'oisiveté. Et ça n'est pas non plus se concentrer sur autre chose. Qui donc serait mieux préparé à la vie contemplative que la personne qui travaille mais sans se laisser totalement absorber par ce à quoi elle travaille? Pour qui suit cette approche, le travail, le fait d'être occupé, devient un acte contemplatif, l'occasion de cultiver la conscience de la présence de Dieu.

Beaucoup de gens, me semble-t-il, l'ont senti. Ils semblent savoir d'instinct que jardiner, peindre la maison ou ramasser les feuilles mortes sont des activités bénéfiques. Quand ils s'adonnent à ces activités, il leur arrive de bonnes choses. On s'en sert comme d'un moyen de donner à sa vie de l'intégrité, de la plénitude. C'est de la contemplation. C'est de la prise de conscience. C'est se donner l'occasion de se voir tel qu'on est. C'est une façon de se donner la chance de mettre en lien son propre récit et le récit de Dieu. C'est un moment où on peut se trouver simplement en présence de Dieu, être renouvelé et revivifié par cette présence. Mais il faut réserver à cela du temps et de l'espace. Une fois qu'on s'en est fait une habitude, cet état d'esprit trouve le moyen d'envahir des moments qu'on entend consacrer à la lecture, à la résolution de problèmes, à l'organisation ou à l'administration. Il ne s'agit parfois que d'intuitions subites, mais il s'établit un rapport constant, une conscience soutenue. Je ne pense pas qu'on puisse convaincre quelqu'un de renoncer à ça.

Je ne pense pas qu'on puisse mener une vie contemplative sans discipline, et cela vaut aussi pour le moine ou la moniale en quartier. Alors si je décide de mener une vie contemplative en banlieue, je devrai structurer mon existence exactement comme le moine ou la moniale doit structurer la sienne. Dans l'un et l'autre cas, même si la structure peut différer dans le détail, elle doit fournir une alimentation régulière à la dimension contemplative de la vie. Ce qui comprend la *lectio* régulière, c'est-à-dire la lecture spirituelle, pour supporter et interpeller ma façon de vivre.

Les personnes qui habitent les villes et les banlieues, et notre société de manière générale, peuvent faire certains choix quant à

leur façon de vivre, encore que la plupart n'en aient pas conscience, conditionnées qu'elles sont à être toujours affairées,
généralement aux ordres de quelqu'un d'autre, du début à la fin
de la journée.

Imaginez un instant ce à quoi ressemblerait l'Amérique, imaginez la sérénité que nous pourrions connaître, si les laïques
avaient quelque chose qui ressemble à l'horaire quotidien de la
vie cloîtrée, avec ses temps prévus pour la prière, le travail et la
récréation.

Bien sûr, cet horaire ne serait pas celui que j'applique comme
bénédictine mais il comprendrait les mêmes éléments, du temps
pour le travail, du temps pour la famille et la collectivité, du temps
pour la communauté croyante, du temps pour la lecture personnelle de l'Écriture et pour la réflexion. Il en résulterait un tout
autre rythme de vie, une façon toute différente de voir l'importance relative des divers volets de sa vie. On y trouverait la discipline, la structure, qui aiderait les gens à voir dans la conscience
de la présence de Dieu la plus grande valeur de l'existence.

Certains diront qu'il s'agit là d'une attente irréaliste dans le
tourbillon de notre monde mais la chose pourrait être plus facile
que jamais auparavant étant donné les avantages que nous avons
et dont ne bénéficiaient pas les époques antérieures. Une femme
mariée avec des enfants, qui travaille à l'extérieur de chez elle et
qui doit se déplacer tous les jours pour aller à son travail pourrait,
au lieu de prendre un livre pour sa lecture spirituelle, écouter un
enregistrement nourrissant en se rendant au travail ou en exécu-
tant ses tâches journalières. Peut-être faudra-t-il diminuer la dose
de *hard rock* ou laisser tomber *Days of Our Lives* (le téléroman
quotidien). Mais on ne devient pas contemplative sans discipline
et sans vrai désir.

Et son travail? Le travail n'est pas nécessairement un obstacle
à la contemplation. Tout le monde doit travailler. Saint Benoît le
savait. Il y a dans la Règle un chapitre extraordinaire qui dit que
lorsqu'il faut rentrer la moisson, il faut rentrer la moisson. Alors

priez aux champs ! Ne venez pas me dire, écrit-il, que vous avez laissé le blé sous la pluie parce que vous deviez rentrer à telle heure pour prier, pour faire de la contemplation. Ce dont il faut maintenant s'occuper, c'est du blé. Faites ce que vous avez à faire. C'est votre contemplation.

Quand j'étais jeune religieuse, la prière était pour moi une distraction. Je ne pouvais pas comprendre pourquoi la prieure ne voyait pas qu'il y avait des choses plus importantes à faire que de prier. Mais après un certain temps de discipline, la prière est devenue pour moi un rafraîchissement, une chose dont je ne pouvais me passer.

La contemplation n'était plus un fardeau. Si occupé que j'aie pu être, elle donnait un sens à tout ce que je faisais d'autre. Elle est devenue mon point focal. Elle me permettait de m'orienter. Elle me ramenait à la maison. J'ai commencé à voir toutes mes « bonnes œuvres » en relation avec la conscience que j'avais de la présence de Dieu. Cela relativisait ces « bonnes œuvres ». Elles n'étaient plus pour moi la valeur ultime. Une banlieusarde peut faire la même chose de ses « bonnes œuvres ».

Assurément, il faut nourrir la conscience qu'on a de la présence de Dieu dans sa vie et dans le monde. Mais vient un moment où ce n'est plus un fardeau, où ce n'est plus un exercice. *C'est là.* Cette conscience de la présence de Dieu deviendra le filtre à travers lequel vous allez penser, agir et prier. Cette présence sera toujours entre vous, au-dessus de vous et autour de vous dans tout ce que vous ferez.

CHAPITRE 6

La prière

« PRIER, CE N'EST PAS DEMANDER, a écrit le Mahatma Gandhi. C'est laisser monter une aspiration de l'âme […] Mieux vaut dans la prière avoir un cœur sans paroles que des paroles sans cœur. » Sur ce point, même si les idées de Gandhi sont exprimées avec force, elles ne sont pas nouvelles. L'idée de la prière silencieuse et du désir de l'âme sont depuis des siècles au cœur de la prière monastique. Donc, si on peut parler de changements dans les formes de la prière monastique, on ne saurait parler de changement dans la vie de prière monastique. Il y a certaines choses qui, même si elles changent, restent immuables.

Pour l'esprit monastique, la prière est plus qu'un dispositif à sûreté intégrée pour les âmes confrontées au mystère et qui ont soif de pardon. C'est beaucoup plus qu'un sens du devoir spirituel noyé dans un océan de cérémonial. Cela dépasse la piété qu'inspirent la crainte d'un univers obscur et sans limites ou la recherche de faveurs qu'on ne peut se procurer soi-même. La tradition contemplative voit plutôt la prière authentique comme une attitude de l'esprit face au mystère, accroché à l'espérance et plongé dans l'émerveillement, que comme un acte de contrition, d'obéissance ou de supplication. La distinction n'est en rien byzantine. Ce sont deux formes de prière bien différentes.

Ce que nous tenons pour le but de la prière a autant à voir avec notre prière et notre façon de prier qu'avec la forme que nous adoptons pour le faire. En fait, ce que nous pensons être l'objectif de la prière détermine la forme que nous adoptons. Thérèse d'Avila, par exemple, a été inquiétée par l'Inquisition non parce qu'elle ne croyait pas en la prière mais parce que le caractère personnel de sa vie de prière — elle délaissait les formules pour entrer en conversation personnelle avec Dieu — la rapprochait trop du protestantisme aux yeux de ceux qui étaient chargés de protéger la pureté de la foi contre les réformateurs et les récalcitrants : Dieu était un potentat qu'il fallait approcher selon un protocole rigoureux, non pas une présence personnelle à cultiver. La forme de la prière tenait à la forme de la relation à Dieu.

La prière n'est ni un acte passif ni un acte vide. Au contraire. La prière «travaille». Le seul problème, c'est que lorsqu'on prie, on obtient ce qu'on recherche. Ce que nous attendons de la prière détermine notre façon de prier. Si nous recherchons la sécurité et la protection, nous récitons des prières de suffrages ; si nous recherchons la sérénité et l'illumination, nous méditons ; si nous voulons être plongés dans l'esprit du Christ, nous nous plongeons dans l'Écriture. La prière ne se ramène pas à une seule forme d'activité ; elle est plurielle. Elle nourrit la vie spirituelle ; elle la reflète aussi.

Jeunes religieuses, nous «récitons» nos prières. En avançant dans la vie religieuse, nous «allons à la prière». Mais quand nous commençons à voir dans la prière ce qui sous-tend la vie, le pouls de l'univers au centre de l'âme, nous devenons une prière. D'abord, comme le dit Gandhi, nous avons les paroles sans le cœur ; en fin de compte, nous aboutissons à un cœur sans paroles. La vérité, c'est que notre façon de prier reflète ce que nous croyons de Dieu et ce que nous croyons de la vie. Pour l'esprit monastique, la prière rythme le temps, la recherche de ce qui est connu mais invisible, comblant mais inachevé. Ces qualités marquent la vie de prière de la communauté monastique dans sa forme comme dans sa substance.

Le monachisme, style de vie construit autour de l'idée de vie communautaire et de vie de prière, évolue lentement quel que soit le contexte. On n'amène pas une communauté à changer par décret. Il faut des mois, parfois des années de préparation, pour que la pensée communautaire s'articule autour d'une idée commune. Ce qui est intéressant, cependant, c'est que les communautés monastiques changent encore plus lentement dès qu'il s'agit de prière. Les années qui ont suivi le renouveau de l'Église amorcé par le concile Vatican II ont vu de nombreux changements, même dans les monastères où le temps obéit plutôt au mouvement du glacier qu'à la course de la flèche. Mais il y a certains éléments de la vie monastique qui ont à peine changé. Dont certainement la prière. Voyez-y un signe de progrès. Au lieu de changer une formule de prière pour une autre, les religieuses et les religieux ont redécouvert le sens de la formule d'origine et y ont puisé assez de sens et de profondeur pour des siècles de renouveau.

« Une âme d'enfant qui n'a pas été vaccinée par la prière obligatoire, écrit Alexander Cockburn dans *Corruptions of Empire*, est vulnérable à toutes les infections religieuses.» La formule porte sérieusement à réfléchir, surtout dans un monde affairé, même pour des moines et des moniales. Nous pouvons être si occupés à faire toutes sortes de bonnes œuvres que nous n'avons pas le temps de prier. Le sol se dessèche autour de notre cœur et l'arbre de la vie dépérit en nous. À ce moment-là, une âme affamée peut être tentée de se jeter sur le premier aliment qui passe à sa portée, qu'il soit ou non nourrissant pour l'âme. Ce danger a conduit les règles monastiques à faire de la régularité, du rituel et de la réflexion des obligations caractéristiques de la vie de prière monastique. Ce sont ces principes, on ne s'en étonnera pas, qui sont devenus les critères d'évaluation du changement. Quand ils sont respectés, la vie de prière de la communauté monastique est saine, quelle que soit sa forme, quel que soit son horaire. S'ils font défaut, la vie de prière de la communauté monastique se disperse, la communauté est désorientée, et ce qui était censé être une communauté de foi devient un regroupement d'étrangers qui accomplissent un travail qu'ils pourraient faire avec un groupe quelconque, n'importe où, n'importe quand.

La plupart des communautés monastiques ont connu le changement au cours des 25 dernières années. En fait, l'adaptation des formes de prière pour répondre aux besoins de l'époque a toujours été le signe d'un monachisme vivant et dynamique. Le dernier conseil que donne Benoît au terme de 2 chapitres d'instructions sur l'organisation de l'horaire quotidien a donné le ton pour des siècles et des siècles : « Si quelqu'un trouve une meilleure façon de faire, qu'il s'en serve. » (RB 18,22) Trouver une meilleure façon de prier est la grande préoccupation de chaque communauté monastique. Cet objectif soutient sa vie. Il dynamise son ministère. Il donne de la substance à la vie contemplative. Dans cette optique, l'adaptation est toujours allée de soi ; mais pas le changement. La prière monastique, quelle que soit sa forme, demeure à jamais communautaire, marquée par la régularité et enfoncée dans le rituel. La question qui se pose toujours, c'est de savoir ce qui doit changer et ce qui ne doit pas changer si on veut maintenir ces qualités à un niveau assez élevé pour injecter de la profondeur dans le quotidien, une longue vie après l'autre.

À première vue, les changements généralement apportés à la prière monastique au cours des 30 dernières années donnent l'impression d'un buffet de modes, de styles spirituels ou de pop art liturgique. En réalité, ils sont toujours — quoique inspirés par l'époque et par une compréhension renouvelée des éléments anciens de la prière — beaucoup plus qu'un engouement passager pour le style contemporain. Ils représentent des éléments essentiels à la spiritualité monastique proprement dite mais qui s'étaient effacés avec les années sous l'impact de la culture dominante ou des décrets de l'Église. La langue, le silence, la concision et la réflexion personnelle ont ainsi été reconquis, arrachés à la ritualisation, à la récitation et à la surcharge qui avaient marqué les accrétions du temps.

Le latin, « langue de l'Église » maintenait les communautés monastiques — comme l'Église dans son ensemble — à distance des richesses latentes mais à peine perceptibles de la Liturgie des heures. Avec le retour du vernaculaire dans la prière quotidienne, les psaumes, les textes de l'Écriture et les citations des grands penseurs de l'Église, anciens et modernes, devenaient accessibles aux communautés pendant l'office au lieu de n'être qu'objets d'étude. Comme la langue de la prière ne faisait plus obstacle à la compréhension, la prière elle-même devenait une excursion à travers la pensée, les idées, les déclarations de foi et les éclairs d'intuition. La prière devenait un temps de croissance spirituelle et non plus un temps consacré à la seule récitation des mantras de la foi. On remarquera aussi que la célébration de la Liturgie des heures dans la langue du pays fit abandonner la récitation de prières additionnelles en anglais, qui s'ajoutaient à l'office en latin : trois Ave à saint Florian pour protéger la communauté contre les incendies, trois Ave à saint Benoît pour la bonne mort. Le recours aux prières de « dévotion » devenait superflu dès l'instant où la prière elle-même exprimait la dévotion.

La langue, l'emploi de la langue réelle au lieu de la langue formelle de la prière, redonna sa place à la Liturgie des heures dans l'alimentation de la vie spirituelle de la communauté. Le langage universel, l'élimination de la terminologie sexiste, insérait la communauté au cœur du genre humain, évoquait à l'esprit de la communauté les besoins et les souffrances de toute l'humanité et non plus d'une moitié seulement, et parlait en même temps d'un Dieu plus grand que l'artéfact masculin inadéquat qui avait trop longtemps joué le rôle de Créateur-Créatrice tout(e)-spirituel(le). La théologie se retrouvait en état de donner le meilleur d'elle-même.

La concision, conséquence elle aussi du renouveau qui avait abrégé certains temps de prière et qui en avait supprimé d'autres, contribua plus que la quantité à donner de la profondeur à la prière communautaire là où la profusion avait fini par devenir plus une fin en soi que le reflet d'une surabondance. Avec l'élimination des petites heures (prime, tierce, sexte et none) — qui

avaient été conçues comme une réponse chrétienne au changement de la garde romaine en l'honneur du Dieu-empereur — la
louange du matin et celle du soir, les deux pôles de la journée,
reprenaient la place qui leur revenait dans l'horaire monastique.
La résurrection et la création passaient au premier plan dans une
vie axée sur le mystère pascal.

La prière communautaire, dans la tradition monastique, est
conçue pour inspirer la prière et la réflexion personnelle, et pas
pour l'écraser sous d'interminables récitations. Nous avions
maintenant le temps de permettre à la communauté de se plonger
dans les psaumes qu'elle priait, dans les lectures qu'elle entendait,
dans les hymnes qu'elle chantait. Nous avions maintenant le temps
de nous couler dans la Liturgie des heures elle-même, de faire
comparaître la journée et tous ses travaux à la barre de l'Écriture
et d'apprendre au cœur de la psalmodie ce qui manquait à nos
vies.

C'est la réflexion personnelle et non plus la récitation communautaire qui devenait le but de la prière. En priant dans la langue
de notre culture, en éliminant les temps de prière qui correspon-
daient aux besoins de contextes culturels révolus, en introduisant
des temps de silence dans les périodes de prière, les communautés
qui priaient sont devenues des communautés priantes.

Les changements adoptés ne diminuaient pas la prière. Au
contraire. Les changements redonnaient à la prière sa vraie place
au cœur de la communauté et en faisaient un tremplin vers le
cœur de la personne de la moniale.

Au bout du compte, peu de choses ont changé dans la vie de
prière des communautés monastiques. La prière est toujours dite
en commun, plusieurs fois par jour, selon une psalmodie aussi
vénérable que le monachisme lui-même. Mais elle est dite d'une
manière réfléchie, lentement, en laissant au silence assez de place
pour nous permettre d'être à l'écoute du Dieu qui nous écoute.
Peut-être l'élément le plus important qui ait changé au cours des
30 dernières années ne tient-il pas tant aux formes de la prière

qu'à notre attitude face à elle. Nous avons cessé de « faire une place à la prière » et nous avons recommencé à prier. Notre prière est désormais régulière, ritualisée, attentive à susciter la réflexion de l'orante sur la vie, son sens, son but, ses joies et ses peines. Autrement, la prière n'est pas de la prière. Elle n'est plus qu'une formule, sorte de moulin à prière conçu pour impressionner Dieu par notre fidélité. Mais la fonction de la prière n'est pas de convaincre Dieu de nous sauver de nous-mêmes. La prière a pour but de préparer notre cœur à l'irruption de Dieu, d'amener notre esprit à revêtir le Christ, de faire éclore la prise de conscience, lorsqu'elle survient, que Dieu n'est pas quelque part ailleurs. Dieu est ici, maintenant, dans notre cœur. La prière est simplement du temps mis de côté pour chercher le Dieu qui, le premier, est parti à notre recherche. Le changement n'est pas nécessaire. À moins, bien sûr, qu'il ne soit conçu pour rendre possible l'immuable. Comme Gandhi nous le rappelle, « mieux vaut dans la prière avoir un cœur sans paroles que des paroles sans cœur ».

CHAPITRE 7

Le renforcement du pouvoir[1]

J'ABORDE LE THÈME des rapports entre spiritualité et renforcement du pouvoir avec beaucoup de respect et passablement d'appréhension. Après tout, notre culture a pu mesurer les dangers de l'une et de l'autre. La spiritualité, c'est évident, a trop souvent servi de prétexte à l'irresponsabilité. Et Dieu sait combien de fois le pouvoir a pris le pas sur la responsabilisation.

Le fait est que pour être authentique, la spiritualité doit responsabiliser et que, pour être saint, le pouvoir doit se fonder sur la spiritualité. « Ne prie jamais dans une pièce sans fenêtre », dit le Talmud. Autrement dit, ne prie jamais sans garder un œil ouvert

---

1. Note du traducteur. Le terme « *empowerment* » désigne l'appropriation ou la réappropriation de son pouvoir. Il a un volet personnel : l'*empowerment* psychologique permet à la personne de s'affirmer en cultivant l'estime de soi, la confiance en soi, le sens de l'initiative et le contrôle sur sa propre vie. Il a un volet communautaire : l'acquisition d'un droit de parole, la reconnaissance sociale et l'habilitation politique. Le terme est rendu ici le plus souvent par « responsabilisation », quand l'accent est mis sur la dimension éthique (prise de conscience des droits et des devoirs correspondants), mais aussi plus globalement par « renforcement du pouvoir », comme le faisait déjà en 1995, la Déclaration de Pékin (IVᵉ Conférence mondiale sur les femmes) : « Le *renforcement du pouvoir* des femmes et leur pleine participation dans des conditions d'égalité dans toutes les sphères de la société, incluant la participation aux processus de décision et l'accès au pouvoir, sont fondamentaux pour l'obtention de l'égalité, du développement et de la paix. »

sur le monde qui t'entoure, ou alors ta prière sera plus thérapie qu'énergie. Camus a écrit que « les saints de notre temps sont ceux qui refusent d'en être les bourreaux ou les victimes ». La spiritualité n'est donc pas là pour rien. Elle n'est pas à elle-même sa propre fin. Mais qu'est-ce que la spiritualité du pouvoir et quel est exactement le pouvoir de la spiritualité ? Comment les reconnaître si nous les apercevions ? Comment savoir à quel moment ils existent et à quel moment ils n'existent pas ? Et ce qu'ils ont à dire sur l'usage qu'on fait de l'autorité dans l'Église et dans le monde aujourd'hui ?

Pour nous aider à répondre à ces questions, je convoque deux compagnons de route qui vont nous aider à comprendre la spiritualité et la responsabilisation : Moïse et la Samaritaine. Le premier, Moïse, était doté d'un grand pouvoir qu'il dut apprivoiser ; l'autre, la Samaritaine, était dotée d'une intuition mobilisatrice. Le monde de notre temps et l'Église de notre temps ont besoin, me semble-t-il, de l'un et l'autre.

Moïse savait clairement ce qu'était le pouvoir. Il avait vaincu la résistance de l'ennemi, déchaîné des fléaux sur le pays d'Égypte, tiré de l'eau d'un rocher et fait s'ouvrir la mer. Personnage inspirant, figure charismatique, leader puissant, Moïse conversait avec Dieu face à face. Il aurait pu être un tyran autoritaire et dogmatique, un législateur rigoureux et exigeant. Mais Moïse avait une spiritualité du pouvoir, qui le prémunissait contre ces excès. Le pouvoir venait de Dieu, Moïse le savait, et il devait servir aux choses de Dieu. Moise l'avait contemplé, ce pouvoir, dans le buisson ardent. Il l'avait entendu au sommet de la montagne. Il l'avait ressenti devant la Mer des roseaux. Et il l'avait tenu dans ses propres mains face aux prophètes de Baal.

Comme le pouvoir ne lui appartenait pas, il ne servait à rien de l'accumuler. Et Moïse le savait. Le pouvoir, il en avait conscience, n'est donné que pour être redonné — et de fait il l'a redonné. Il a donné son pouvoir au peuple. Moïse, dit l'écriture, choisit deux personnes dignes de confiance qu'il mit à la tête du peuple. Moïse n'avait pas besoin d'avoir le dernier mot en tout, le dernier mot sur l'œuvre de Dieu, le dernier mot sur la volonté de Dieu. Moïse se servait aussi de son pouvoir pour plaider et invoquer sur le peuple le pardon d'un Dieu courroucé. « Pardonne l'iniquité de ce peuple comme tu lui as pardonné depuis qu'il a quitté l'Égypte », supplie Moïse au nom de cette bande sans cœur et sans conviction dont l'impunité met à l'épreuve le pouvoir de Dieu. Oui, Moïse savait que son pouvoir n'appartenait qu'à Dieu. Dans les plaines de Rephidim, tandis que l'armée d'Israël résistait aux troupes d'Amaleq, Aaron et Hur soutenaient les bras fatigués de Moïse qui priait, le bâton de Dieu en main, pour que Dieu les aide à traverser un conflit que lui-même était impuissant à empêcher. Il n'y a là ni autoritarisme ni arrogance, ni non plus aucune domination.

Chez Moïse, la spiritualité du pouvoir est limpide. Le pouvoir ne sert pas à écraser les gens ; le pouvoir sert à construire un peuple. Le pouvoir n'est pas là pour punir mais pour interpeller. Le pouvoir n'est pas une denrée réservée à une petite élite, il doit permettre de dynamiser le peuple dans son ensemble. Seuls doivent exercer le pouvoir, enseigne Moïse à Aaron, ceux qui savent revêtir « la cuirasse de la décision », juger avec les yeux de Yahvé, avec le cœur même de Dieu. Le vrai but du pouvoir, le seul bon usage du pouvoir, autrement dit, c'est de donner aux gens le pouvoir sur leur propre vie.

Voilà un modèle qui nous fait cruellement défaut aujourd'hui. De nos jours, le psychiatre Rollo May a identifié cinq formes de pouvoir dont chacune mérite de faire l'objet de la contemplation chrétienne et interpelle le christianisme lui-même. Selon May, un acte de pouvoir exploite, concurrence, manipule, intègre ou nourrit. L'exploitation, la concurrence et la manipulation appliquent le pouvoir pour détruire. L'exploitation, c'est le pouvoir exercé sur l'autre. La concurrence, le pouvoir utilisé contre l'autre. La manipulation, le pouvoir employé pour contrôler l'autre — en secret. Nous utilisons les gens, nous les écrasons et nous les contrôlons jusqu'à ce qu'en les détruisant nous nous détruisions nous-mêmes, nous détruisions nos mondes, nos institutions, et jusqu'à notre âme.

Le pouvoir dont on se sert pour vouer la planète à la mort est sûrement une forme d'exploitation éhontée. Le pouvoir dont on se sert pour supprimer les Églises nationales au nom de l'unité de l'Église divise en contraignant. Le pouvoir employé contre Hans Küng, qui posait à son Église des questions honnêtes et loyales, et qui s'est vu retirer par le Vatican le droit d'enseigner, est un pouvoir qui a dû sombrer dans l'arbitraire. Le pouvoir dont on se sert pour violer l'environnement, pour empoisonner l'eau et pour polluer l'air de la planète est un pouvoir qui a perdu la tête. Le pouvoir accumulé pour protéger l'Église des dangers que lui font courir les « servantes de messe » de 11 ans, l'érotisme des pieds des femmes et l'emploi de pronoms féminins est devenu inepte. Le pouvoir dont on se sert pour supprimer les penseurs dans une culture et à une époque hantées par bien plus de questions que de réponses est utilisé de manière irresponsable et finira par nous causer plus de tort que les questions ne pourraient le faire.

Nous vivons dans un monde où le pouvoir est mal employé, sur une planète en ébullition du fait des problèmes des femmes, de la faim, de la pauvreté, des migrations de masse et de la dévastation nucléaire. Nous vivons dans un monde où l'Église et l'État s'emploient à rédiger de nouvelles lois sur les drapeaux, les danses liturgiques et le code vestimentaire pendant que le monde titube, accablé de douleur. « Pour être vraiment méchant, dit un ancien proverbe, il n'est pas nécessaire d'enfreindre la loi. Il suffit de l'observer à la lettre. »

Et nous nous demandons pourquoi les gens sont tout à coup si peu nombreux à nous écouter. Et nous sommes cernés par le déclin. Ces formes de pouvoir crient l'urgence d'une spiritualité qui responsabilise, d'un pouvoir qui accepte de plaider, d'un pouvoir qui libère, d'un pouvoir qui adoucit et d'un pouvoir qui se soucie des personnes. Le pouvoir éducateur et le pouvoir intégrateur, insiste May, sont le seul espoir pour notre temps. Il nous faut un gouvernement, il nous faut un peuple, il nous faut une Église dont les réserves énormes, massives, écrasantes de pouvoir soient employées à guider les gens vers la vie et le monde vers l'unité.

L'Église qui a dénoncé dans le passé le communisme athée doit, au nom de Dieu, se servir de son pouvoir pour dénoncer un capitalisme impie qui s'emploie à bloquer les réfugiés aux frontières du pays le plus riche au monde — le nôtre. Il nous faut un gouvernement, un peuple, une Église qui se servent de leur pouvoir pour mettre les gens debout et non pour les refouler.

L'Église qui dit que l'homme est créé à l'image et à la ressemblance de Dieu devra bientôt, pour que le pouvoir de Dieu reste crédible en son sein, commencer aussi à apercevoir Dieu dans l'image de la femme.

La course aux armements, les concessions de pure forme, la propagande, le patriarcat, l'importance donnée aux serments de déloyauté qui se font passer pour des serments de loyauté et la chasse gardée masculine des sacrements devront désormais céder la place à la libération, à l'usage du pouvoir au service des autres et avec les autres. Or n'était-ce pas justement l'enjeu de l'Exode? Et n'était-ce pas aussi l'enjeu de Vatican II? Avons-nous mal compris l'Alliance et les Béatitudes, le sacerdoce du peuple de Moïse et la première communauté chrétienne, la collégialité et l'obligation canonique pour les laïques — du moins selon le nouveau Code de droit canonique — d'exprimer nos besoins et de formuler nos préoccupations?

Et si c'est bien le cas, que dire? Ne fallait-il pas que soient posées les questions de Luther? Le pape devait-il continuer de libérer les âmes pour de l'argent? Puisque Innocent III avait placé l'Angleterre sous interdit pour avoir accepté la Magna Carta et avoir ainsi limité le pouvoir d'un roi — chose, disait-il, qui enfreint la loi naturelle — fallait-il bannir à tout jamais la démocratie? La spiritualité du pouvoir a-t-elle été réduite au faste trompeur de l'autorité ? Eh bien, il nous faut aujourd'hui des prophètes. Cela ne fait aucun doute. La spiritualité du pouvoir est essentielle à la culture moderne pour la survie de la planète, et elle est essentielle à l'Église moderne pour la gloire de l'Évangile.

Dans les époques de confusion, la vérité est rarement le seul critère chez ceux pour qui Dieu est système. Pour ceux qui posent des questions quand les innocents sont écrasés par un usage impie du pouvoir, les bureaucrates prêchent trop rarement la vérité et trop souvent l'obéissance. Et pourtant ce fut une forme vicieuse d'obéissance qui engendra l'Inquisition et la cruauté des Croisades. L'Église mérite sûrement une fidélité de meilleure qualité. Et rappelons-nous que Moïse posait des questions à Dieu.

Dans les époques de confusion, ceux pour qui Dieu est système affirment que le dissentiment est inacceptable et font une vertu de l'indifférence. Pour sauver l'ensemble, nous sacrifions donc des martyrs au système, un par un, que nous pourrons revendiquer des siècles plus tard en nous donnant bonne conscience : 100 000 sorcières, Hildegarde von Bingen, Érasme, Maître Eckhart, Pierre Teilhard de Chardin. Cependant, il semble bien qu'aucun document n'atteste la condamnation officielle de la papauté des Borgia. Et nous ne connaissons aucun hiérarque qui ait été destitué pour avoir omis de condamner les chambres à gaz nazies, la traite des esclaves ou l'extermination des Indiens d'Amérique.

Aucun système ne peut se substituer à l'Évangile. Et le pouvoir ne peut se substituer à la responsabilisation. Où es-tu, Moïse ? Nous avons besoin de toi et tout de suite.

Pourtant, il ne suffit pas d'une spiritualité du pouvoir. Nous avons aussi besoin de ceux et celles qui refusent d'être non seulement des bourreaux mais aussi des victimes. Ce n'est pas assez, en d'autres mots, d'avoir des leaders inspirés par une spiritualité de la responsabilisation. Il nous faut aussi des chrétiennes et des chrétiens animés par une spiritualité de la responsabilisation.

Un voyageur dit un jour à l'un des disciples : « J'ai fait un long voyage pour venir entendre le Saint Homme, mais je trouve ses paroles très ordinaires. » Et le disciple répondit : « N'écoute pas les mots ; écoute le message. — Et comment fait-on cela ? — C'est facile. Tu prends les phrases du Saint Homme et tu les secoues jusqu'à ce que les mots en tombent. Ce qui reste enflammera ton cœur. »

Contrairement à Moïse, notre second compagnon sur la route menant à la responsabilisation et à la spiritualité est quelqu'un de très ordinaire — quelqu'un comme vous et moi. C'est une femme qui va puiser de l'eau à un puits de Samarie, petite province au nord de Jérusalem. Il est évident qu'elle en a arraché toute sa vie, qu'elle a fait des choix difficiles et qu'en tant que femme, elle n'est guère soutenue par le système. Elle a plein de questions, plein de frustrations mais elle est aussi habitée par un sens exceptionnel de la présence de Dieu et par le besoin d'y répondre. La scène est banale, toute simple. Pour bien la comprendre, il faut secouer les mots. Il faut se demander quel est ici le véritable message. Qu'est-ce qui est vraiment arrivé en Samarie ? Enfin, il faut aussi se demander en lisant le récit de la Samaritaine : qu'en est-il réellement de la spiritualité dans l'Église d'aujourd'hui ?

En Samarie, une révolution était en cours. Les Samaritains, rappelez-vous, avaient fait partie autrefois du peuple de Dieu. Mais trop souvent conquis par trop d'empires, ils avaient été coupés pour des siècles du pays de Juda et du culte de Jérusalem. Leur religion avait subi l'influence de nombreuses cultures et de nombreuses traditions religieuses et ils avaient élaboré leur propre interprétation des livres de Moïse.

Pour les Juifs, les Samaritains étaient des imposteurs. Ils n'étaient ni plus ni moins que des païens qui prétendaient être de vrais croyants. La haine entre les deux groupes s'était cristallisée au fil des siècles. Aucun Juif pieux n'aurait eu le moindre contact avec des Samaritains. Les Juifs ne traversaient pas le territoire samaritain. Les Juifs ne parlaient pas aux Samaritains. Les Juifs ne touchaient même pas un objet qu'aurait eu en mains un Samaritain — un peu comme les Sud-Africains blancs pour les Sud-Africains noirs il n'y a pas si longtemps ; un peu comme les Américains blancs pour les Américains noirs, il y a 40 ans, même si les uns et les autres se disaient Américains et chrétiens.

Ce qui est encore plus fort dans l'histoire de la femme au puits, c'est aussi qu'à cette époque-là, un bon Juif ne pouvait adresser la parole à une femme en public : à aucune femme, pas même à sa fille, à sa mère ou à son épouse. La loi rabbinique était très claire là-dessus.

Et un bon Juif n'aurait même pas songé à causer théologie à une femme. Rabbi Éliézer l'avait bien dit : « Mieux vaut laisser brûler la Torah que de la mettre dans la bouche d'une femme. » La femme n'avait aucune crédibilité juridique. La femme n'avait pas le droit de témoigner au tribunal. Au nom du ciel, qu'est-ce qu'une femme aurait pu savoir du messie, de la politique ou d'autres questions importantes ? Aucun doute — les femmes et les Samaritains étaient des parias.

Le problème de l'Église aujourd'hui, c'est que Jésus n'avait aucune animosité envers les unes ou les autres. Jésus n'hésitait pas à traverser le territoire samaritain. L'évangéliste Jean dit que Jésus « devait passer par la Samarie ». Mais ce n'est pas vrai. Il y avait une autre route à l'époque, tout comme aujourd'hui. Ce n'est pas que Jésus « devait » passer par là. En fait, Jésus « se devait » d'aller à ces gens-là parce qu'eux aussi, ils étaient sensibles à la grande recherche de la vie ; parce que Dieu vivait aussi en eux ; parce qu'ils étaient à l'écoute et qu'ils étaient, eux aussi, des êtres spirituels, des personnes authentiquement spirituelles. Et parce que personne, absolument personne, n'a le monopole de l'esprit de Dieu.

Et là, à ce puits, en public, Jésus parle à une femme, une Samaritaine. Jésus demande à boire de l'eau d'un seau samaritain. Et Jésus va jusqu'à lui offrir, à elle, de son eau à lui. Puis Jésus a avec cette femme une discussion sur des questions théologiques profondes — sur la nature du culte, la nature du salut, la nature de Jésus lui-même. C'est à cette femme — *à cette femme-là* — que Jésus dit pour la première fois dans l'Écriture : « Je suis le Messie. » C'est à une femme en marge de tout système, loin en dehors de l'imagination spirituelle de l'orthodoxie, loin des assises du pouvoir, que Jésus confère la parole, la promesse et la mission. Et elle va le dire aux autres. Et sur sa parole, ajoute l'Écriture, ils ont tous cru.

La Samaritaine était une femme ordinaire qui faisait des choses ordinaires et qui a eu une intuition extraordinaire sur la plénitude de la vie ; elle s'est vu confier une tâche extraordinaire au sein d'un monde païen... et ils l'ont écoutée. Cet évangéliste invraisemblable, ce personnage sans pouvoir, cet apôtre sans portefeuille fut une prophétesse. Elle n'était pas un homme — et elle allait donner le plus grand témoignage de tous les temps. Elle n'était pas Juive — et elle allait annoncer le messie. Elle n'était ni politicien ni prêtre, et elle reçut le don de comprendre et de vivre l'eau, le pouvoir et la responsabilisation. Et ils l'ont écoutée.

Or il y a, aujourd'hui aussi, une révolution en cours dans l'Église. Comme la Samaritaine, des gens, des gens très ordinaires, découvrent l'énergie, la lumière, le pouvoir que peut donner la vie spirituelle. Et comme cela se produit habituellement lorsque le Saint Esprit sort des chancelleries de ce monde, des gens très ordinaires reçoivent le pouvoir spirituel de prendre des décisions évangéliques de leur cru. Ils en tirent des conclusions spirituelles : que le sexisme est un péché, que la paix est possible, que le socialisme n'est pas condamnable en bloc, que le capitalisme n'est pas canonisable en bloc, que l'autorité a des limites et que le Verbe de Dieu est vivant en eux aussi.

Et ils proclament ces choses. Et ils exigent ces choses, et ils vivent ces choses au nom de l'Évangile de Jésus Christ. Pourquoi ? Parce que Jésus a transformé leur moi très ordinaire et leur existence très ordinaire en une conscience extraordinaire de la présence de Dieu — en eux comme dans les autorités. Ils ont découvert la spiritualité qui responsabilise et, pas plus que la Samaritaine, on ne pourra les réduire au silence.

Et ce qu'il faut vraiment à l'Église, c'est qu'ils soient de plus en plus nombreux et qu'ils répandent la foi au lieu de la loi, soient un signe d'espérance et de contradiction — et non d'autorité et de légalisme — dans un monde qui a faim, qui est ignorant et qui dépense plus d'argent, de talent et de temps à produire ce qui risque de détruire le globe et à définir des hérésies qu'à favoriser le développement des innocents et à lancer le défi de l'amour authentique dans un monde de pauvreté, d'oppression, de cris et de larmes. Une source intérieure sourd en eux : ces personnes spirituellement puissantes proclament que Dieu a sur nous de meilleurs desseins. Parce que lorsque la responsabilisation spirituelle et la spiritualité libératrice explosent à l'intérieur des gens, il n'y a rien qui puisse contenir ce qu'ils ont entrevu. Ils savent, comme le philosophe Ramana Maharshi, que « tel tu es, tel est le monde ».

Ils savent qu'ils ont été envoyés pour réaliser les Béatitudes dans un monde dont les deux tiers des habitants sont privés des biens essentiels à la vie ; ils savent qu'ils ont été envoyés pour incarner l'appel à vivre l'Évangile dans un monde qui recherche plutôt le pouvoir et le profit ; ils savent qu'ils ont été envoyés pour être la figure du Christ dans un monde qui dit « attrape-les avant qu'ils ne t'attrapent » et dans une Église qui dit que les femmes sont des images inadéquates du Christ. Ils savent avoir été envoyés pour retourner le monde — un cœur à la fois.

Certaines gens dont le pouvoir est menacé par les sans-pouvoir demandent : qu'est-ce qu'une femme, qu'est-ce que le premier venu connaît du messie, de la politique, de la guerre nucléaire, des valeurs de l'Église ? Et la réponse est la même aujourd'hui qu'à l'époque, la même ici qu'au puits. Ceux et celles qui ont été responsabilisés spirituellement ne connaissent rien d'autre que Jésus. Rien d'autre que l'Évangile. Rien d'autre que le pouvoir intérieur né d'une spiritualité libératrice qui est moins là pour nous servir que pour nous faire servir les autres. Et surtout, ils se savent envoyés. Et ils savent que quelque part, un jour, quelqu'un d'inspiré par une spiritualité du pouvoir reconnaîtra le pouvoir de la spiritualité et saura les écouter et que le monde entier, l'Église universelle pourront être responsabilisés. Pour l'Évangile. Pour la planète.

Et comment en sommes-nous sûrs? Simplement parce que nous avons déjà vu Moïse le libérateur et la Samaritaine. Nous avons pour modèle Moïse qui fut assez brave et assez fidèle pour croire que l'incertain pouvait conduire à la vérité et qui s'est servi de son pouvoir pour créer du neuf, et non pour le contrôler. Et la Samaritaine qui a pris le pouvoir qu'on ne lui avait pas donné pour que les sans-pouvoir puissent espérer.

CHAPITRE 8

La prophétie

RÉFLÉCHIR SUR UN MOINE BIEN CONNU, membre d'une communauté cloîtrée, mort voici plus de 35 ans suscite une double question. Premièrement, en quoi était-il différent? Deuxièmement, et après?

La courtepointe que fut la vie de Thomas Merton est réconfortante pour les gens ordinaires. Mais elle peut aussi prêter à confusion. Enfant précoce, adolescent rebelle, jeune homme débauché, playboy à l'université, intellectuel, Thomas Merton n'était pas le premier venu. C'est quelqu'un qui a emprunté la route qui mène de l'enfer au ciel et qui en a décrit chaque détour pour nous permettre de reprendre espoir et de trouver un sens à notre propre cheminement.

Les histoires ne manquent pas pour illustrer l'influence et la place de Thomas Merton dans la société contemporaine et dans le développement de la spiritualité. En voici deux qui proviennent des maîtres soufis ; j'emprunte l'autre à une source personnelle.

Un jour, commence la première histoire, des disciples viennent trouver leur maître âgé et mal en point pour le supplier de ne pas mourir.

« Mais si je ne m'en vais pas, pourrez-vous jamais voir la lumière? leur dit le maître. — Que pourrons-nous bien voir si vous n'êtes plus là?» Avec un éclair de malice dans le regard, semble-t-il, le maître répond: «Tout ce que j'ai fait de toute ma

vie, ç'a été de m'asseoir au bord du fleuve et de vous donner de
son eau. Une fois que je ne serai plus là, peut-être remarquerez-
vous enfin le fleuve.»

La leçon sonne juste. Ce que les maîtres nous enseignent de
leur vivant est une chose; ce qu'ils nous laissent pour que nous y
réfléchissions le reste de notre vie en est une autre. Thomas
Merton était un personnage fascinant, attirant, excentrique, char-
meur et provocant. C'est un fait. Mais ce qu'il a amené le monde
à regarder, c'est beaucoup plus que le mysticisme, le mystère de
la vie cloîtrée. Il nous a laissé de quoi réfléchir pour très, très
longtemps.

Dans le deuxième récit, un aspirant demande au Maître :
«Maître, je suis attiré par la vie spirituelle. Puis-je devenir votre
disciple?» Et le maître répond : «Tu n'es qu'un disciple parce que
tu as les yeux fermés. Le jour où tu les ouvriras, tu verras qu'il n'y
a rien que tu puisses apprendre de moi ou de n'importe qui
d'autre. — Mais s'il en est ainsi, de dire l'aspirant, à quoi bon un
maître? — Le maître est là, répond le saint homme, pour te faire
voir la futilité d'en avoir un.»

L'héritage de Thomas Merton pointe sans équivoque au-delà
de sa personne; il nous renvoie aux fleuves qui nous entourent, il
nous aide à saisir comme lui la différence entre piété et spiritualité,
entre la pseudo-contemplation et la vraie contemplation.

Le troisième récit concerne une enfant de 15 ans qui pendant
toute sa première année de *high school* ne lut qu'un ouvrage
«religieux», et encore par accident. C'était *Semences de contemplation*, et la jeune fille devait découvrir, bien des années plus tard,
qu'à lui seul ce livre avait complètement changé sa façon de voir
la vie.

En fait, Merton nous a laissé deux défis magistraux à relever
— celui de découvrir le monde qui nous entoure et celui de
trouver en nous l'esprit contemplatif. Il l'a fait à distance, ce qui
rendait la chose difficile, et il l'a fait, à l'époque, presque seul dans
un monde qui pratiquait une piété intimiste et une religion

rituelle. Il s'adressait à la génération de la Deuxième Guerre mondiale chez qui le sens de la vie avait été émoussé par la présence envahissante de la mort violente, pour qui l'idée de croissance avait fini par s'identifier à la consommation effrénée, dont la religion était faite de péché, de regret, de repentir et de faveurs implorées auprès d'un dieu américain assimilé à une distributrice, pour qui la liberté équivalait à un individualisme sans entraves, à un américanisme naïf et à un messianisme international incontesté. Merton, le moine, fut un chef de file du mouvement antinucléaire, une voix pour la non-violence à une époque de fortes tensions sociales, un éclaireur du dialogue interreligieux entre l'Est et l'Ouest, un modèle de mondialisme, un membre du Mouvement international de la réconciliation, un théologien de l'écologie, un praticien de l'analyse sociale, une figure publique, un homme conscient de la dimension féminine de Dieu. Au dernier jour de sa vie, à Bangkok, à un congrès d'abbés bénédictins et cisterciens, il nous a dit: « Le moine est essentiellement quelqu'un qui adopte une attitude critique face au monde et à ses structures [...] en disant que les prétentions du monde sont frauduleuses. »

Il fut, en d'autres mots, un authentique contemplatif qui a laissé suffisamment d'idées pour semer la contemplation dans toute une génération. Thomas Merton n'était pas un moine ordinaire, évidemment. Son monachisme naissait d'une quête obsessive de Dieu dans la vie plutôt que d'une fuite obsessive du monde pour trouver la vie en Dieu, si paradoxal que cela puisse sembler chez un moine cloîtré.

Le monachisme de Merton a été une révolution qui n'a d'égale que l'origine même du monachisme bénédictin. Jusqu'au sixième siècle, la vie monastique avait été une pratique spirituelle privée et personnelle. C'est Benoît qui, au sixième siècle, a fait de la communauté humaine l'axe porteur de la sainteté. Le monachisme de Merton fut, lui aussi, une révolution car il arracha le projet monastique aux confins du monastère local pour l'ouvrir à rien

de moins que la communauté mondiale. Le monachisme de
Merton a été un monachisme axé sur la présence de Dieu dans le
présent.

Merton percevait le monde à travers un cœur qui n'était ni
encombré de formules ni aveuglé par les systèmes. Il enseignait
plus que la piété et l'ascèse pour elles-mêmes. Il enseignait des
idées qui contredisaient alors la tradition et qui contredisent
aujourd'hui la culture ambiante : le péché de la pauvreté, l'impératif moral de la paix, la justice de la bonne intendance, le pouvoir
sacré de la non-violence, la sainteté du mondialisme et la place
centrale de l'illumination. Merton plantait des semences de
contemplation qui menaient à l'action — un principe spirituel
qu'on oublie souvent mais qui reste toujours fondamental.

Dans la spiritualité judaïque, par exemple, deux grands principes s'entrecroisent : le *devekut*, le geste de « s'accrocher à Dieu »,
la contemplation ; et le *tikkun o'lam*, le fait de « réparer le monde »,
le travail pour la justice. L'un sans l'autre — la contemplation
sans la justice, l'attachement au mystère sans l'effort pour remédier à la réalité — demeure incomplet, enseigne la tradition : c'est
la nuit sans le jour, la grandiosité sans la grandeur, l'âme sans le
corps.

L'Écriture, elle aussi, en parle clairement. Samuel, Salomon,
Abraham et David, Judith et Esther, Marie et Marie-Madeleine,
Matthieu, Marc, Luc, Jean, Pierre et Paul s'accrochent tous à Dieu,
tous conversent avec Dieu. Tous contemplent la présence de Dieu
dans la vie et tous sont appelés à faire quelque chose.

La contemplation, enseigne Merton, c'est apprendre à voir le
monde comme le voit Dieu. Le contemplatif voit le monde à
travers les yeux de Dieu, et le vrai contemplatif est poussé à réagir
selon l'esprit de Dieu. S'accrocher à Dieu, en d'autres mots,
engendre la passion nécessaire pour réparer le monde. La contemplation monastique de Merton réunit de nouveau ces deux idées,
mais en face d'une culture qui est plus portée aux rites qu'à cette
dimension contemplative de la religion.

En fait, Merton a passé sa vie à offrir l'eau du fleuve à un monde qui n'était guère porté à voir le fleuve lui-même mais qui prétendait le suivre. Merton distribuait l'eau du fleuve pour ameublir le sol aride et stérile d'une religion endurcie et d'une vie desséchée. Dans *Semences de contemplation*, son premier livre, Merton présente six fleuves qui continuent de couler aujourd'hui et qui requièrent notre attention : la pauvreté, le militarisme, l'intendance écologique, la non-violence, le mondialisme et l'illumination qu'est la contemplation.

La *pauvreté* et les abysses d'indignité humaine qu'elle engendre forment un fleuve que Merton veut nous faire découvrir. C'est dans *Semences de contemplation* qu'il écrit : « Le désir même de contemplation peut être impur si nous oublions que la vraie contemplation signifie la destruction complète de tout égoïsme [...].» Nous découvrons ici que, derrière Merton, coule le fleuve de la pauvreté, hors de l'enceinte de la pseudo-contemplation qui se drape de mystérieux et d'irréel pour mieux éviter de trouver Dieu là où il se trouve réellement : chez les gens qui ont besoin de nous.

Nous avons une culture apparemment religieuse qui tient des discours édifiants sur la vie de ceux qui ont réussi mais qui n'entend pratiquement rien de la saga de ceux et celles qui vivent une histoire moins reluisante, une culture qui voit même la religion comme le confort du moi. Nos journaux enregistrent notre progrès, nos statues commémorent nos héros publics, nos villes dressent nos temples économiques. Mais les quartiers huppés de Manhattan sont à des années-lumière de Harlem. La tour Trump, où habitent les riches, paraît s'élever sur une autre planète que celle des tunnels ferroviaires hantés par les sans-abri, qui se trouvent à ses pieds. La Maison-Blanche vit à toute une culture de distance des gens qui n'ont pas d'argent, pas d'influence, pas de pouvoir, pas de lobbyistes grassement payés pour défendre leurs intérêts.

Dans les années 1990, écrit Alan Durning dans *The State of the World*, les riches ont vu multipliée par 20 la valeur de leurs biens depuis 1900, multiplié par 50 le produit de leurs industries et par

1000 leurs voyages personnels. Mais à l'échelle du monde, les disparités entre riches et pauvres sont devenues obscènes. Dans les années 1990, il y avait dans le monde 157 milliardaires et plus de 2 millions de millionnaires mais on n'arrivait pas à loger 100 millions de sans-abri et, pendant ce temps-là, nous continuons tranquillement d'aller pieusement à l'Église. Quelle sorte de contemplation est-ce là? Quelle sorte d'action religieuse?

Dans notre pays seulement, nous dépensons au moins 5 milliards de dollars chaque année pour réduire les calories que nous consommons pendant que 400 millions de personnes à travers le monde n'ont rien à manger et meurent lentement de faim ou survivent avec un cerveau sous-alimenté et hébété : ces gens que nous disons « idiots », « stupides », « incapables », « analphabètes », « ignorants », « grossiers » alors que nous accumulons le blé dans nos granges pour nous en servir comme d'une arme politique contre ceux-là à qui l'idée de mourir donne plus de joie que la vie. Le fleuve de la pauvreté traverse New Delhi et Manille mais aussi New York, Chicago et Miami. Où sont les contemplatifs qui vont quitter leurs églises et ouvrir leurs cœurs assez longtemps pour s'accrocher à Dieu et remédier aux conséquences de la pauvreté? Parce que si nous ne le faisons pas, nous avertit Merton, « même le désir de la contemplation sera impur ».

Merton veut nous faire découvrir le fleuve du *militarisme*. Derrière Merton, il nous faut distinguer le fleuve de souffrances causées par les bellicistes du monde, qui accompagne les cantiques des bons pratiquants qui voient Dieu en dehors du monde et non dans le monde. Dans *Semences de contemplation*, Merton insiste là-dessus : « Les gens qui ne savent rien de Dieu et dont la vie est centrée sur eux-mêmes s'imaginent qu'ils ne pourront "se trouver" qu'en imposant au reste du monde leurs désirs, leurs ambitions et leurs appétits [...]. » Et notre époque est peut-être celle qui l'a le mieux fait, et qui l'a fait à l'échelle du globe, alors que nous affirmons former « un seul peuple soumis à Dieu » (*one nation under God*).

L'évêque de Boston et l'évêque de Bagdad, par exemple, ont tous deux trouvé «juste» la première guerre du Golfe. Il y a sûrement quelque chose qui ne va pas dans la théologie des gens qui se disent religieux si la théorie de la guerre juste peut être comprise de manières complètement différentes et avec une assurance égale par tous les côtés en même temps.

À notre époque aussi, pour la première fois dans l'histoire, nous avons justifié l'extermination des femmes et des enfants sous prétexte qu'en bombardant les populations civiles on sauvait des militaires. Le temps est venu assurément d'envisager qu'il nous faut aujourd'hui une théorie de la « guerre injuste ».

Et ce que nous n'avons pas détruit par les armes — dans une *blitzkrieg* moderne baptisée *Shock and Awe* (choc et stupeur) — nous l'avons détruit par la fabrication de ces armes. Nous avons employé nos meilleurs cerveaux, nos meilleures ressources et une large tranche de notre budget national pour construire ce qui détruit les gens au lieu de construire ce qui leur permettrait de se développer. «Notre politique, dit le président des États-Unis, c'est de n'oublier aucun enfant.» Mais si nous continuons de détourner le budget national au profit d'une forme nouvelle d'impérialisme militaire, ce sont tous les enfants que nous aurons oubliés. Nous sommes parvenus à convaincre nos industries, notre système universitaire et même le peuple croyant que le militarisme est le prix à payer pour la sécurité. Et nous avons payé cher. Pour satisfaire notre appétit de vampire, nous avons compromis la qualité des services sociaux offerts dans notre pays : les écoles, les hôpitaux, le logement, l'aide sociale, les arts. Nous avons englouti les ressources d'autres pays pour y fabriquer ou y installer nos armements et nous avons assombri d'autant les espoirs des enfants de demain.

Selon plus d'une trentaine d'organismes de recherche aux États-Unis, pendant la guerre de six semaines que nous avons si glorieusement livrée dans le Golfe en 1991, ici chez nous, 1240 enfants sont morts des suites de la pauvreté; 4000 nourrissons sont morts d'insuffisance pondérale à la naissance; 68 750 jeunes ont abandonné l'école et 4000 travailleuses et travailleurs ont perdu leur emploi — autant de problèmes que nous prétendons aujourd'hui ne pas pouvoir régler. Il est évident que la guerre tue tout le monde, même ceux qui ont la chance de la gagner.

Au Viêt-Nam, ils gonflaient les chiffres des victimes et des conquêtes pour simuler la victoire. Pendant la première guerre du Golfe, ils nous ont au moins fait voir les cadavres dans les jeeps calcinées dans le désert brûlant. Dix ans plus tard, en Afghanistan, ils ne nous ont rien montré — sauf le trou béant au milieu de notre ville de New York. Pas de camps de réfugiés, aucune estimation du nombre de civils afghans qui avaient aussi perdu la vie, d'une façon ou d'une autre, du fait de l'effondrement de leur pays ou des bombardements incessants qu'il a subis. Bien sûr, de temps à autre, une image passait à travers les mailles du filet : un bébé afghan nourri d'un pâté d'herbages « avec une trace de farine de blé » à cause de la disette, un enfant amputé de la jambe à cause d'une mine, un village en ruines.

Après des jours, des mois de bombardements incessants, en Afghanistan et en Irak, nous étions apparemment en train de livrer une guerre qui ne faisait pas de victimes. À grands frais. Sans aucun débat public sur ses retombées dans l'un et l'autre pays — et à travers le monde — sinon l'affirmation qu'on nous avait frappés et que nous devions « les » frapper en retour. Pire encore, quiconque essayait de discuter d'autres aspects de la situation se voyait accuser de manquer de « patriotisme ». Des intellectuels ont perdu leur emploi. Les groupes pacifistes qui plaidaient pour des méthodes moins barbares de règlement des différends dans un monde déjà trop dangereux furent tournés en ridicule. Un silence terrible finit par s'imposer. Un silence de peur.

Il est possible que nous perdions à la guerre autant que nous aurons gagné. Nous perdrons notre humanité, peut-être, parce que nous n'aurons pas su contempler le fleuve de souffrances qui traverse le monde, et qu'on ne peut contenir par la force ou en muselant la raison.

Merton veut nous faire découvrir le fleuve de *l'intendance écologique*. Derrière Merton, à cause de Merton, nous devons découvrir le fleuve de déchets qui coule derrière les pieux « contemplatifs » qui préfèrent la prière à un respect recueilli du cycle de la nature et du cercle de la vie. « Un arbre rend gloire à Dieu avant tout en étant un arbre, nous a enseigné Merton dans *Semences de contemplation*, en déployant ses racines dans la terre et en dressant sa ramure dans l'air et dans la lumière comme aucun autre arbre avant lui ou après lui. » « La beauté spéciale, maladroite, de cet étalon particulier [...] ce ciel d'avril [...] cette grande montagne balafrée et demi-chauve sont tous sacrés aux yeux de Dieu, sont tous à l'image de Dieu », écrit Merton.

Mais nous les détruisons un par un, par inconscience, par insouciance, par négligence. Nous ne voyons pas le fleuve. Or nous prétendons être religieux, nous nous regardons comme des disciples, nous formons un peuple élu « soumis à Dieu ». « La vie est la meilleure aubaine, dit le proverbe yiddish, nous l'avons pour rien. » Mais nous en sommes venus à la tenir pour rien. Nous avons souillé notre nid comme aucun animal ne le ferait sous prétexte de « préserver un niveau de vie » qui rend la planète inhabitable et le genre humain inhumain.

Les scientifiques présentaient la pollution atmosphérique comme un problème grave au début des années 1970. À l'époque, les données étaient claires. Ce qui ne le fut pas, c'est la volonté politique de réduire les déchets industriels, de peur de voir fondre la caisse électorale, de perdre des votes ou de renoncer à la suprématie économique mondiale.

Dans un rapport publié en 1990 par le World Watch Institute, la scientifique Hilary French affirme qu'on observe maintenant partout à travers le monde de graves problèmes de santé reliés à la pollution atmosphérique. Aux États-Unis, écrit French, 150 millions de personnes, soit la moitié de la population du pays, respirent un air jugé malsain par l'Agence nationale de protection environnementale. En Hongrie, 1 décès sur 17 est causé par la pollution atmosphérique. En Inde, confirme French, respirer l'air de Bombay équivaut à fumer 10 cigarettes par jour. Et à Mexico, à cause de la mauvaise réputation de l'air qu'on y respire, les diplomates fuient la ville et, comble d'ironie, les pays qu'ils représentent refusent de s'entendre sur des normes de prévention pour l'assainir. Les retombées environnementales sont encore plus renversantes : les pluies acides et la pollution atmosphérique rongent les récoltes, dévastent les forêts, détruisent les lacs et même les édifices jusque dans les pays industrialisés. Établie dans le jardin « pour le cultiver et le garder », dit l'Écriture, l'humanité en est arrivée à se l'arroger et à le piller. Et nous ne sommes pas encore parvenus à faire de la survie de la planète une préoccupation d'ordre moral.

Merton veut nous faire découvrir le fleuve de *la non-violence.* Par-delà Merton, à cause de l'appel à la contemplation qu'il nous lance, il nous faut apercevoir aussi le fleuve de la non-violence. Les vrais contemplatifs savent que toute la création est un élément de la présence de Dieu dans le monde, qu'il faut donc la traiter avec respect et amour. La violence a fait son temps : la guerre dorénavant est dépassée. La guerre, c'est beaucoup plus que le conflit ; c'est l'annihilation sociale. À une telle hauteur, les rapports humains exigent la coopération et non la coercition.

La destruction nous fait remporter la victoire, c'est vrai, mais elle détruit surtout quelque chose de nous-mêmes. Ce que nous nous faisons les uns aux autres évide le cœur de notre propre vie. Brûler des enfants au napalm, c'est verser de l'acide sur notre âme.

Bombarder un peuple innocent, illettré, misérable et condamner des femmes enceintes et des vieillards à chercher refuge dans des camps érigés hors des frontières de leur pays, comme nous l'avons fait en Afghanistan, c'est obscène. Refuser d'entendre le cri des affamés réduits à se nourrir d'herbages tandis que nous mangeons notre gâteau aux carottes, tandis que nous nous targuons de ne pas bombarder les populations civiles, c'est faire en sorte que le débat moral ne porte plus sur le terrorisme mais sur l'honnêteté des bombardements.

Réduire en cendres des quartiers et des villages entiers comme nous l'avons fait en Irak, plonger un pays entier dans le chaos économique, bombarder les réseaux d'électricité et les systèmes d'aqueduc, ne pas lever le petit doigt pendant qu'on pille des trésors culturels importants pour le monde entier et — d'après un rapport préparé par un organisme rattaché aux Médecins internationaux pour la prévention de la guerre nucléaire (IPPNC) — tuer plus de 22 000 civils tout en prétendant ne pas s'en prendre aux innocents relève d'un art achevé du mensonge.

Leur faire subir deux fois ce qui nous est arrivé pour montrer à leurs gouvernements — à des gens que nous avons mis en place, à des gens dont nous avons concocté le pouvoir — que nous ne tolérerons pas qu'ils résistent à nos plans et à nos politiques, ce n'est pas faire œuvre de justice. C'est simplement poursuivre l'escalade des représailles qu'on fait payer aux innocents et alimenter le cycle de la vengeance que cultiveront contre nous leurs enfants sans que les violents soient inquiétés. Comme disait à Rome le vieux Sénèque : « Ils font un désert et ils appellent cela la paix. »

La guerre est devenue l'affrontement entre un groupe de combattants invisibles et une foule de non-combattants sans défense, et ne saurait être qualifiée de « juste », ici ou n'importe où ailleurs, quelque argument théologique qu'on invoque.

Refuser les techniques non violentes de règlement des conflits, créer des commissions et des comités de stratèges et de seigneurs de la guerre, d'experts et de conseillers militaires, sans convoquer à la table un seul membre de l'académie de la paix, un seul expert en règlement non violent des différends, un seul réfugié, un seul représentant des vraies victimes, c'est décider d'avance du résultat sans même poser la question.

Refuser de signer les protocoles qui institueraient un tribunal mondial puis s'étonner de l'absence de coalition internationale quand il faut rétablir la justice; abroger les droits civils en matière de vie privée, de droit et de citoyenneté sous prétexte de protéger les droits civils; pratiquer le totalitarisme au nom de la démocratie, c'est tourner en dérision ce que nous prétendons défendre. C'est détruire de nos propres mains ce que nous disons protéger.

Et se demander, comme nous le faisons, pourquoi nos enfants ont des armes pour jouets, pourquoi les familles sont déchirées par des meurtres domestiques, pourquoi les femmes sont régulièrement battues, pourquoi les drogues sont devenues le premier anesthésique dans un monde où la violence est sociale, économique et politique autant que militaire, c'est faire du déni un grand art. En réalité, le sang de nos propres enfants coule dans nos rues parce que nous leur avons trop bien inculqué la violence — et ils n'ont pas mis de temps à l'apprendre. Nous récoltons ce que nous avons semé. Nous obtenons ce que nous avons demandé.

Comment les convaincre que leur violence est mauvaise mais que la nôtre est bonne en continuant de nous justifier de décimer les peuples au nom de Dieu?

C'est dans ce climat de nationalisme chauvin et de pharisaïsme impie que Merton est venu répandre des eaux de non-violence aimante avec ses *Semences de contemplation*. « Dire que je suis fait à l'image de Dieu, écrit Merton, c'est dire que l'amour est la raison de mon existence car Dieu est amour. » « Parce que l'amour de Dieu est en moi, écrit-il, il peut venir à vous d'un horizon différent et particulier, qui resterait bouché si Dieu ne vivait pas en moi [...] et parce qu'il est présent en nous deux, Dieu en retire une plus grande gloire. L'amour de Dieu s'exprime ainsi de deux nouvelles façons par lesquelles il pourrait autrement ne pas s'exprimer. »

« La violence au foyer, disent les rabbins, c'est comme le ver dans le fruit. » Elle détruit ce qui a l'air sain, ferme et utile mais qui recèle en soi la cause de sa propre déchéance. La violence dévore le cœur de notre pays — dans les foyers, dans les commissariats de police, dans les rapports interpersonnels, sur les terrains de jeu, dans nos politiques publiques. La violence est notre mal national. Avancer doucement dans la vie est notre seul espoir d'adoucir le monde. L'amour de Dieu, nous dit Merton, ne peut advenir qu'à travers moi. L'amour de Dieu que je recherche ne peut advenir qu'à travers toi.

Merton veut nous faire découvrir le fleuve du *mondialisme*. Derrière Merton, il nous faut apercevoir aussi le fleuve du mondialisme : il coule chez les vrais contemplatifs qui trouvent Dieu en toutes choses.

«Plus je m'identifie à Dieu, écrit Merton dans *Semences de contemplation*, plus je m'identifierai à tous les autres qui s'identifient à Dieu.» «Nous sommes membres les uns des autres, écrivait-il au milieu de l'insularité intellectuelle des États-Unis, et tout ce qui est donné à l'un des membres est donné à l'ensemble du corps.»

«Les saints sont heureux d'être saints, nous dit-il en jetant un regard neuf et puissant sur la sainteté, non parce que leur sainteté éveille l'admiration des autres mais parce que le don de la sainteté leur permet d'admirer tous les autres [...] il les délivre du fardeau de juger et de condamner les autres.» Et il nous a dit cela dans un monde qui soupçonnait pratiquement tout le monde et qui aspirait à convertir le reste du monde à la culture occidentale, à la politique américaine, au pouvoir blanc et au capitalisme effréné.

À ses yeux, le monde était bon, ses peuples divers comme des dons du même Dieu, ses religions comme autant de manifestations du Dieu unique, ses différences comme une révélation du monde. Il nous demandait d'ouvrir les yeux et de voir ce qu'aucune loi n'avait jamais enseigné : la vie n'est pas une série de limites ; la vie est un fleuve de possibilités à cultiver, une marée de différences à respecter et à admirer dans la stupéfaction.

Quand les gens font notre travail pour un salaire dont nous ne voudrions pas, nous devons commencer à nous demander ce qu'il y a en nous qui nous permette de les exploiter. Quand les industries américaines recourent sur le marché international à des pratiques commerciales qui ne seraient pas admises dans notre pays, nous devons commencer à nous demander, si nous sommes vraiment contemplatifs, ce qu'il y a dans notre âme qui nous permette de traiter d'autres personnes comme si elles n'étaient pas des personnes. Quand les ressources du monde sont contrôlées par quelques privilégiés, quand les gisements miniers d'un peuple sont entre les mains d'un autre peuple, nous devons commencer à nous demander, si nous sommes vraiment contemplatifs, s'il n'existe pas déjà un système international d'assistance sociale qui fait que les pays pauvres soutiennent les pays riches, et si ce n'est pas nous qui l'avons institué alors même que nous refusons de venir en aide à nos propres pauvres.

Où sont les contemplatifs et les contemplatives qui, comme Merton, vont commencer à voir, commencer à demander quel péril moral nous font courir notre argent, notre pouvoir et notre niveau de vie ? « C'est l'amour de Dieu qui me parle à travers les oiseaux et les ruisseaux, dit Merton dans *Semences de contemplation*, […] mais si la volonté de Dieu naissait de ma liberté, je deviendrais l'amour qu'est Dieu […]. » Quand des malades affamés meurent sur les bouches d'aération du métro, si je suis contemplatif, dirait Merton, il me faut devenir l'amour qu'est Dieu.

Quand les travailleurs sous-employés de Détroit perdent leur maison et leur dignité, il me faut devenir l'amour qu'est Dieu. Quand les Noirs meurent à Soweto parce qu'ils sont Noirs, et qu'ils se tuent dans les HLM de Chicago par désespoir d'être Noirs dans un monde de Blancs, il me faut devenir l'amour qu'est Dieu. Quand les enfants irakiens meurent dans les guerres américaines et que les bébés contaminés au crack languissent dans nos rues, si je suis réellement contemplative, il me faut devenir l'amour qu'est Dieu.

Le mondialisme, pour Merton, c'est la capacité d'ouvrir mon cœur et mon esprit, mes bras et mes politiques au monde entier, et pas seulement au monde qui est de ma couleur et de ma classe. Aucune technique de discipline ou de piété — si vénérable ou si efficace qu'elle soit — ne peut remplacer, aux yeux de Merton, la contemplation authentique, la faculté de regarder avec les yeux de Dieu.

Merton veut nous faire découvrir, à nous qui sommes portés sur le religieux, le fleuve de *l'illumination,* la vraie contemplation. Merton nous appelle à une autre façon de voir la vie et à une autre façon de la vivre. Merton nous appelle, nous entraîne, vers le fleuve de l'illumination. « Allez au désert, nous enseigne Merton dans *Semences de contemplation,* non pas pour fuir les autres mais pour les trouver en Dieu. » Vous aurez beau accumuler les rites religieux, les lectures spirituelles, les diplômes en histoire des religions, vous ne serez pas exemptés de la responsabilité du devoir de religion, vous devrez relier de nouveau le monde à Dieu.

Un jour, disent les soufis, un maître dont les disciples étaient sur le point d'entreprendre le pèlerinage du salut leur donna à chacun une gourde amère à prendre avec eux dans chacun des sanctuaires et pour chacune de leurs prières. Quand les disciples rentrèrent de leur sainte odyssée, le maître exigea qu'on fît cuire les gourdes pour le dîner des retrouvailles. « Ah, de dire le maître en voyant les disciples s'étouffer à cause de l'âcreté du plat, il n'y a pas d'eau bénite qui soit parvenue à adoucir ce qui était amer. »

Merton ne cesse de nous répéter, dans *Semences de contemplation,* qu'il ne suffit vraiment pas d'obéir à la loi et de répéter le rituel. Merton nous appelle à adoucir ce qu'il y a d'amer en nous, à réparer ce qui est brisé en nous, à nous accrocher au Dieu qui est Dieu, oui, mais pour le bien d'un monde devenu amer, et pas seulement pour notre propre satisfaction spirituelle.

La personne au cœur illuminé sait que la voix humaine a pour but de donner une voix aux sans-voix jusqu'à ce qu'enfin le monde commence à entendre ce que le cœur illuminé a découvert — la présence de Dieu ici, maintenant, en chacune et en chacun. Le lieu où se tient la personne dont le cœur a été illuminé ressemble désormais davantage au règne de Dieu qu'avant l'arrivée de cette personne : le terrain est propre, les détritus ont disparu, la rue est sécuritaire, l'étranger est accueilli, les pauvres reçoivent à manger, les réfugiés ont un toit, les œuvres de guerre deviennent des œuvres de paix. Rien d'autre n'est acceptable pour Merton. Rien d'autre n'est appelé saint parce que toute autre profanation de la vie indique que le monde m'appartient au lieu que lui et moi appartenions à Dieu.

La personne au cœur illuminé est sur terre pour en prendre soin, pas pour la consommer. La personne au cœur illuminé est détachée de ce qui enferme le monde entre les serres de la cupidité et du pouvoir patriarcal. Un jour, disent les soufis, le Saint dit à l'homme d'affaires : «Comme le poisson sur la terre ferme, tu dépéris entre les mailles du monde. Le poisson doit retourner à l'eau et toi, tu dois revenir à Dieu.» L'homme d'affaires était atterré. «Veux-tu dire que je dois laisser mon affaire et entrer au monastère ? — Non, dit le Saint. Conserve ton entreprise et entre au fond de ton cœur.» L'idée de contemplation chez Merton va dans le même sens : il y a deux choses qui corrompent le comportement humain : vouloir plus de tout et ne pas savoir ce que veut dire assez.

La personne au cœur illuminé est dépouillée du besoin d'occuper toute la place, d'utiliser tous les biens et d'exploiter tout le monde. Elle ne raconte jamais de blagues ethniques ; elle ne tient jamais de propos sexistes ; elle ne profère jamais de mensonges racistes. Elle ne dénigre jamais l'ennemi. Les gens sont des gens, pas des races, des sexes, des âges ou des types.

L'illumination est la capacité de voir plus loin que toutes ces choses que nous divinisons, et de trouver Dieu. Nous divinisons la religion et nous ne voyons pas la divinité de la religion différente, même si la bonté est évidente et constante chez les peuples les plus divers et dans les endroits les plus éloignés.

Nous divinisons l'honneur national alors que les réfugiés se pressent par milliers aux frontières poreuses de notre monde et alors que sur 100 personnes vivantes, 30 seulement sont de race blanche. Ce qui, soit dit en passant, rend la blancheur suspecte si on prétend en faire une norme quelconque.

Nous n'arrivons pas à voir la présence de Dieu dans les autres peuples, en particulier chez les peuples non chrétiens. Nous divinisons la sécurité personnelle et nous ne voyons pas Dieu dans les besoins des autres en ces jours mornes et ternes où la vie nous semble fragile et notre propre avenir incertain.

Nous faisons de notre race et de notre sexe la race et le sexe de Dieu et nous ne voyons pas Dieu chez la personne qui présente d'autres traits ou d'autres formes, et cela même si nos Écritures parlent clairement d'égalité et si notre théologie est saine.

Nous séparons l'esprit et la matière comme si c'étaient deux choses différentes, et pourtant nous savons maintenant, par la physique quantique, que la matière est constituée de champs de forces qui acquièrent leur densité de l'esprit de l'énergie qui est à la base de tout. Autrement dit, nous faisons un avec l'univers. Nous n'en sommes ni séparés ni différents.

Et nous ne sommes pas au-dessus de lui. Nous sommes en lui, nous tous et toutes choses qui nageons dans une énergie qui est Dieu. Ainsi ne sommes-nous pas séparés les uns des autres, pas différents non plus. Nous sommes, chacune et chacun d'entre nous, simplement un éclat d'humanité qui cherche à devenir plus humain, qui essaie d'être divin, et nous ne le serons jamais, pas plus en nous diminuant nous-mêmes qu'en dévalorisant les autres.

Être illuminé, c'est voir — plus loin que toutes les formes que prend la vie — le Dieu qui les maintient dans l'existence. L'illumination voit aussi — par delà les formes, les icônes et le langage qui s'efforcent de personnaliser Dieu — le Dieu qui est trop personnel, trop immensément inclusif pour s'identifier à une seule forme ou à un seul nom.

L'illumination fait éclater notre esprit de clocher pour nous donner accès à la présence de Dieu partout, en chaque personne, dans tout l'univers. Elle ignore la couleur. Elle n'a que faire du sexe. Elle libère les dons et entend des voix qui ne sont pas les siennes précisément parce qu'elles ne sont pas à elle.

Être illuminé, c'est être en contact avec le Dieu en nous et autour de nous, en nous-mêmes et chez les autres, beaucoup plus que se laisser avaler par une approche unique, par une manifestation exclusive, par un construit confessionnel, nationaliste ou sexuel, si vertueuse, si bien intentionnée que puisse être cette façon innocente de n'être pas Dieu.

Dieu est lumière rayonnante, flamme éclatante, esprit asexuel, vent incolore. Dieu est l'aimant de notre âme, le souffle de notre cœur, la matière de notre vie. Dieu n'est la pigmentation, le drapeau ou le genre de personne. Et ceux et celles qui agréent leur Dieu en fonction de l'un ou l'autre de ces critères ne font que dresser une idole de plus dans le désert. Pour être illuminés, il nous faut laisser Dieu nous parler à travers toutes les choses — et toutes les personnes — par lesquelles Dieu brille dans la vie.

C'est l'usage dans plusieurs monastères de mon ordre, quand nous entrons en procession dans la chapelle pour la prière, de nous incliner d'abord devant l'autel, bien sûr, mais ensuite aussi devant la sœur qui marche à nos côtés. Le sens de cette coutume, qu'on retrouve dans le monachisme un peu partout à travers le monde, ne laisse aucun doute : Dieu est tout autant dans le monde qui nous entoure, dans les personnes qui m'entourent que sur l'autel ou dans la chapelle. La mentalité œcuménique, l'esprit contemplatif, le cœur artisan de paix reprennent le sens de ce geste pour en faire un symbole universel. Il rend visibles, concrets, actuels et convaincants les buts qui sont ceux de toutes les religions — bouddhisme, hindouisme, judaïsme, christianisme et islam.

« La perfection ultime de la vie contemplative, souligne Merton dans *Semences de contemplation*, n'est pas un ciel d'individus séparés dont chacun jouirait pour son compte de sa vision de Dieu ; c'est une mer d'amour... Dieu est la vie de tous et chacun de nous et nous faisons tous et toutes un en Dieu.» Nous faisons tous et toutes un avec Nelson Mandela, et avec Yasser Arafat, et avec Saddam Hussein, et avec tous les enfants des colonies de squatters d'Afrique du Sud, et avec les patients qui meurent du sida dans les hospices de San Francisco et avec les habitants de l'Afghanistan dont nous avons détruit les demeures sans les reconstruire comme nous l'avions promis. Nous faisons toutes et tous un, comme le sait le contemplatif, ce n'est donc pas seulement leur salut qui dépend de nous. Le fait est que notre salut dépend de la façon dont nous composons avec Timothy McVeigh, avec Saddam Hussein et avec les meurtriers d'enfants, que nous avons entraînés à tuer. La personne au cœur illuminé voit l'hospitalité comme le tabernacle du monde. Ou Dieu est dans l'autre ou Dieu n'existe pas, et si Dieu est dans l'autre nous n'oserons pas le laisser dehors.

Il y a certaines choses que le contemplatif, la personne au cœur illuminé, ne fera tout simplement pas parce qu'elles contribuent à la destruction du monde plutôt qu'à son développement. La personne au cœur illuminé, par exemple, ne fera pas la promotion des armes. La personne au cœur monastique n'achètera pas un T-shirt, un jouet, une affichette ou un fanion qui exalte la guerre. La personne au cœur illuminé n'empoisonnera pas la terre, elle ne contaminera pas l'eau, elle n'exportera pas de déchets dans un pays étranger pour que les pauvres meurent de ce qui enrichit les riches. La personne au cœur illuminé plaide en faveur de politiques qui servent autant les pauvres, les sans-abri et les chômeurs que ceux qui vivent en sécurité. La personne au cœur illuminé se rappelle la génération oubliée des enfants qui ont besoin de services de garde et de déjeuners à l'école, d'initiation aux beaux-arts et de chances égales pour que la prochaine génération puisse jouir des ouvertures et de la qualité de vie qu'a connues la dernière. La personne au cœur illuminé a compris que les questions qui se posent aujourd'hui n'auront pas de réponse si on s'enferme dans la perspective limitée du passé.

La personne illuminée par le cœur contemplatif de Merton sait que la guerre est devenue beaucoup plus que le choc de deux armées professionnelles et qu'elle provoque la ruine de civilisations entières ; elle sait que la pauvreté n'est pas un accident de la nature, mais le résultat de la politique étrangère des pays riches et de la crise de la dette de nations appauvries par le pillage qu'elles ont subi ; elle sait que le globe n'est pas une décharge cosmique ; elle sait que la force provoque la force et ne fait qu'aggraver les choses et que la seule solution qui nous reste face à la violence, c'est la non-violence.

La personne illuminée par le cœur contemplatif de Merton sait que le globe n'a pas de frontières naturelles, uniquement des divisions artificielles. En fait, Merton est resté assis au bord du fleuve à nous distribuer de l'eau pendant plus de 50 ans. Il a égrené des semences de contemplation qui ont changé la mentalité du monde, il a égrené dans l'âme une semence qui a libéré l'énergie de l'action radicale. Comme tant de bénédictins avant lui, qui ont rendu l'ordre à un empire ravagé, redonné l'agriculture à une civilisation écrasée, reboisé les vallées pierreuses de l'Europe et préservé le savoir antique par leur labeur de copistes, Merton nous ramène aux valeurs qui ont sauvé des civilisations passées afin que soit sauvée à son tour une civilisation qui a désespérément besoin de paix, de non-violence, de bonne intendance et du sens du divin au cœur du profane… pour peu que nous regardions les fleuves que sa vie nous indique.

Ce n'est pas une entreprise facile mais cela a fonctionné, sinon pour tous, du moins pour quelques-uns ; sinon pour le grand nombre, du moins pour moi. Je ne sais pas qui fut le premier maître à donner de l'eau. Je ne sais pas qui fut le premier maître à nous dire qu'il existe une religion si religieuse qu'elle va beaucoup plus loin que la loi. Mais il y a une chose dont je suis certaine. Je sais que Merton a ensemencé des cœurs de jeunes autant que des cœurs d'adultes parce que c'est moi, la jeune fille de 15 ans qui a lu *Semences de contemplation* il y a 50 ans et qui n'a plus jamais été la même.

J'ai appris de Merton, par exemple, que les fleuves de la pauvreté, de la guerre et du poison planétaire bouillonnent autour de nous tandis que nous nous réclamons de la religion. J'ai appris que les fleuves de la paix, de la non-violence et du mondialisme sont possibles pour peu que nous prenions le temps de contempler Dieu, que nous pratiquions le *devekut* et le *tikkun o'lam* avec assez de profondeur, que nous en venions à voir Dieu assez clairement, que nous voulions Dieu assez intensément pour trouver Dieu là où Dieu se trouve réellement : ici, autour de nous, en nous et aussi chez ceux et celles qui sont nés dans des étables et qu'on a chassés du temple du monde. Non, la contemplation n'est pas un travail facile. On ne peut la faire seule. Elle n'est pas à elle-même sa propre fin.

Les soufis racontent l'histoire du saint homme qui marchait le long des rives inondées d'un fleuve déchaîné quand il aperçut tout à coup un scorpion accroché à la branche d'un arbre à quelques centimètres des flots tumultueux. « Pauvre petit, dit le saint homme, les scorpions ne savent pas nager. Si l'eau arrive jusqu'à cette branche, il va sûrement se noyer. »

Et le saint homme se baissa et se mit à ramper le long de la branche en direction du scorpion. Mais chaque fois qu'il le touchait, le scorpion piquait la main qui voulait le sauver. Un passant intervint avec conviction : « Ne voyez-vous pas que si vous essayez de prendre ce scorpion, il va vous piquer ? — Sans doute, de répondre le saint homme, mais le fait qu'il soit dans la nature du scorpion de me piquer ne m'oblige pas à renoncer à ma nature humaine pour lui offrir le salut. »

Merton nous fait voir une contemplation enracinée dans l'action, une façon de s'accrocher à Dieu qui exige que nous réparions le monde, une illumination qui conduit au changement, à l'espoir et à la sainteté. Je prie pour les personnes qui se plongent dans Merton en souhaitant qu'elles se plongent aussi en un Dieu qui nous appelle tous et toutes à une nouvelle illumination du cœur, par-delà la loi, par-delà les livres, jusqu'à jeter un long regard sur Dieu là où Dieu se trouve et là où Dieu ne se trouve pas, jusqu'à la contemplation qui débouche sur l'action. Les âges l'ont bien montré, cette contemplation de Dieu dans la réalité ne peut manquer de nous piquer mais cette morsure apportera le salut à tous ceux et celles qui vivent dans l'espérance d'un monde meilleur. Elle nous piquera mais elle ne manquera pas de nous sauver à condition que nous en venions finalement à comprendre que si rien de ce que nous faisons ne peut changer le passé, tout ce que nous faisons change l'avenir.

CHAPITRE 9

L'intégrité

JONATHAN EDWARDS A ÉCRIT : « Les saints ne voient pas des choses que les autres ne voient pas. Au contraire. Ils voient ce que voit tout le monde — mais ils le voient autrement. » Toute la question est de savoir ce que nous voyons aujourd'hui et comment nous le voyons. Et ce que cela a à voir avec le fait d'être femme et croyante. Ou pour le dire autrement, ce que cela a à voir avec le fait d'être une personne de foi, que vous soyez femme ou non.

La réalité à voir est impressionnante, compliquée, cruciale et clairement biaisée : les deux tiers des personnes qui ont faim sont des femmes ; les deux tiers des analphabètes sont des femmes ; les deux tiers des pauvres dans le monde sont des femmes.

La couche d'ozone — le placenta de la terre — a été perforée. Aux pôles, les calottes glaciaires sont en train de fondre et le niveau des mers s'élève pendant que les terres des pauvres deviennent roche et poussière.

Après avoir enrichi le sol, les produits chimiques sont en train de l'appauvrir et les engrais utilisés pour stimuler la terre polluent maintenant nos rivières et nos lacs.

Partout, l'eau, l'air, les arbres et la terre sont détruits : champs fertiles, forêts pluviales, jardins tropicaux, océans, lacs et rivières ont été violés, dévastés, pillés, souillés et empoisonnés.

Chaque année, 200 millions d'animaux sont détruits gratuitement — pour « la recherche » ; les espèces disparaissent les unes après les autres.

L'armement nucléaire menace l'existence même de la planète en osant se donner le titre de « défense » et, pendant ce temps, un monde peuplé de pratiquants est également peuplé d'une foule scandaleusement pauvre. Il est évident que nous ne sommes pas encore arrivés à voir les choses « autrement ». Il se peut que nous n'ayons encore rien vu.

Ce qui soulève quelques questions. Quel rapport y a-t-il — s'il y en a un — entre théologie, écologie et féminisme ? Qu'est-ce qui explique le conflit entre ces trois approches ? Et, d'autre part, qu'est-ce qui rend urgente, incontournable, leur conjonction ?

En 1960, Lynn White Jr. écrivit un essai qui ébranla les poncifs de l'époque mais où l'on reconnaît aujourd'hui un classique du questionnement théologique. Le grand problème auquel se trouve confronté le monde moderne, écrivait White dans *The Historical Roots of Our Ecological Crisis* (Les racines historiques de notre crise écologique), c'est que l'éthique judéo-chrétienne justifie la domination. Ce que font et ce qu'omettent de faire les gens quand il s'agit d'écologie-de-la-vie, affirmait White, dépend de ce qu'ils pensent de la création, d'eux-mêmes et de leur rapport aux choses qui les entourent.

Si l'eau n'a d'autre fonction que de me servir, je peux l'enserrer de barrages, la drainer, la noyer de pétrole, de déchets et de cannettes jusqu'à ce qu'elle asphyxie les poissons et qu'elle empoisonne les enfants.

La tradition religieuse occidentale, explique White, nous apprend à penser en termes de hiérarchie, de supériorité et de domination. Pourquoi ? À mon avis, parce que nous avons choisi de valoriser un récit de la création plutôt que l'autre et d'utiliser le second comme argumentaire, d'où notre déséquilibre et notre désorientation.

On ne peut nier que le christianisme est la religion la plus anthropomorphique qui soit. Il commence par traiter de la création de l'humanité. Il continue en l'exaltant. Et il finit par ne s'intéresser qu'à la rédemption de l'humanité.

La progression conceptuelle est claire. D'abord, enseigne le christianisme, la création est une succession d'étapes, chacune représentant un niveau supérieur à la précédente. Dans cette perspective, le genre humain surclasse l'univers en splendeur et en perfection. Il est donc moral, conforme au dessein de Dieu, de placer nos besoins au-dessus de ceux des autres créatures.

Deuxièmement, l'Homme — le mâle — est le roi de la création. Les hommes l'ont dit. Par conséquent, ce que pensent les femmes, ce qu'elles veulent ou ce dont elles ont besoin est, au mieux, secondaire, accessoire. Et ce que disent les hommes de ce que pensent les femmes, de ce qu'elles veulent ou de ce qu'il leur faut devient pour elles «la place des femmes», «la loi du pays», «la volonté de Dieu». Autrement dit, tout ce qu'on a écrit sur nous l'a été sans nous.

Troisièmement, nous insistons sur l'idée que Dieu a conçu le monde pour le bien du genre humain. «Vous pouvez avoir, dit le récit, tout ce qu'il y a dans le jardin.» La création, suggère la rédaction traditionnelle, est une corne d'abondance débordant de biens destinés à satisfaire les désirs sans bornes du genre humain alors qu'en réalité la pollution met 11 jours à faire le tour de la terre et que des forêts entières disparaissent de jour en jour.

Quatrièmement, «l'Homme», comme Dieu, disons-nous, transcende la nature qui est à sa disposition gratuitement, sans qu'il ait rien à payer.

Par conséquent, cinquièmement, la nature créée est là pour servir les objectifs de l'homme, quelle qu'en soit la portée.

Nous ne manquons pas d'assurance et nous supposons, sixièmement, que nous sommes au-dessus de la nature — que nous ne faisons pas partie de la nature! En dépit du fait qu'en étant situés au sommet de la chaîne alimentaire, nous serons les premiers à disparaître si la pollution continue au rythme actuel.

Puisque nous sommes faits «à l'image de Dieu», concluons-nous, nous sommes aussi les agents de Dieu sur terre. Libres. Autonomes. La bride sur le cou.

« Emplissez la terre et soumettez-la, dominez toutes les créatures vivantes », aimons-nous répéter. Encore. Et encore. Et encore. Aucune mise en garde ; aucune précaution ; aucun équilibre. Et nous avons bien appris la leçon.

Ceux qui ont les ressources pour dominer dominent les ressources. Ceux et celles qui n'ont pas le pouvoir de dominer deviennent eux-mêmes une ressource. Pas de morale. Pas d'éthique. Pas de péché.

Les conséquences et les retombées de cette forme de raisonnement ne sont que trop évidentes ; finis, les bosquets sacrés. La nature n'a d'autre raison d'être que de servir à l'existence humaine. Le temps est linéaire et obéit à une courbe de progrès perpétuel. Le temps devient l'éternité et l'éternel désigne simplement un réapprovisionnement sans fin en temps.

Dans un monde comme celui-là, le sens de la limite, de l'« assez », devient un symptôme d'aberration mentale. Le désir de posséder davantage est vecteur et signe de progrès.

Les humains sont supérieurs à la nature mais les hommes — les mâles —, couronnement, sommet, triomphe divin de la création, sont supérieurs aux femmes. Ou, pour le dire plus clairement, les femmes sont différentes des hommes et donc inférieures aux hommes. « Une aide qui lui fût assortie », traduisons-nous dans la Genèse. D'après David Friedman, partout ailleurs dans l'Écriture *ezer kenegdo* se traduit normalement par « égale en pouvoir ». Mais c'est à titre d'« aide » — et non de dirigeante, de penseure ou de visionnaire — que la femme a été admise à l'existence.

Dans la hiérarchie de la création, les femmes — comme l'enseignait la philosophie et comme le confirmait la théologie des Églises — étaient évidemment faites pour les choses du corps, les choses de la nature, les choses naturelles. Les hommes, par contre, que leur organisme ne prédispose pas à des activités foncièrement créatrices, devaient donc, selon le raisonnement des hommes, être faits pour les choses de l'âme : les choses de la raison, naturellement, et les choses spirituelles, évidemment. L'homme mâle était plus proche de Dieu, soutenaient les théologiens, parce que c'est la raison qui reflète l'attribut essentiel de Dieu : l'esprit.

Dans la hiérarchie de la création, par conséquent, au lieu de se trouver valorisées parce qu'elles ont un corps créateur et une âme raisonnable, les femmes sont définies par leur corps et dépouillées de la qualité de leur âme. Ainsi s'exprimaient Augustin, Origène, Thomas d'Aquin. « Ce n'est pas par son corps mais par sa raison, écrit Augustin, que l'homme a été fait à l'image de Dieu » ; et la femme, disaient-ils, était un produit dérivé — fait à l'image de l'homme, et non pas, comme le dit clairement l'Écriture, faite du même matériau, os-os, chair-chair. C'est ce qu'ils disaient tous. C'est ce qu'ils continuent de dire.

Le raisonnement est transparent : Dieu, l'esprit, est la réalité ultime. Et donc la matière, la nature, n'a aucune valeur. La nature en sort perdante — et la femme aussi. Avec cette théologie, on jette les fondements d'un rapport de force dont s'inspirera la science, en toute logique, pour subjuguer la nature. La destinée du genre humain et le sort de la planète sont scellés par une science, rationalisés par une théologie et fondés sur une domination divine incarnée dans l'agir humain.

Lorsque Francis Bacon, au XVIIe siècle, introduit en science la méthode expérimentale — la cueillette des données permettant de prendre le contrôle de la nature —, il se justifie en s'appuyant sur l'indiscutable, la théologie. Sa prémisse ne fait aucun doute : « L'homme a péché, dit Bacon, et il a perdu le pouvoir sur la nature. Mais il peut le reconquérir par la recherche scientifique. » Les hommes de science devinrent les nouveaux grands prêtres. « La nature, dit Bacon, doit être mise à notre service, asservie comme une esclave. » Fondée sur une théologie de la domination, la science n'avait qu'une route à suivre. Puisqu'il n'y a pas d'esprit dans la nature, il n'y a rien à respecter dans la nature. Dès lors, pour la science, tout est permis.

Descartes a consacré le dualisme et déclaré la matière subalterne. Newton disait que la matière n'était qu'instrumentale et les mécanicistes regardaient la matière comme un décor inerte pour l'activité humaine.

Le tour était joué. La nature était inanimée, manipulable, sans valeur, éternellement soumise. À l'évidence, la science et la théologie n'étaient pas des ennemies naturelles. Au contraire, la science et la théologie étaient faites l'une pour l'autre. Les théologiens faisaient tout reposer sur la supériorité de l'esprit. Les scientifiques se concentraient sur l'asservissement de la matière. Ainsi tout se met en place ; Darwin introduit l'idée de la survie du plus apte. Et le darwinisme social de la Révolution industrielle, le colonialisme et le « développement » fondés sur la science n'en sont que les conclusions nécessaires, le dangereux corollaire.

C'était bien vrai : nous pouvions faire tout ce que nous voulions avec tout ce qui était « différent », moins humain que nous : indigènes/aborigènes/noirs/femmes/gais/lesbiennes. Nous pouvions prendre ce que nous voulions, n'importe où. Nous pouvions faire rendre à la terre ce que nous voulions, n'importe où, et réduire le reste du monde à la misère parce que tout cela avait été fait pour les humains. Pour nous. Pour les plus aptes et donc pour les plus aptes d'entre nous. Et les « plus aptes » d'entre nous n'étaient évidemment pas des femmes.

Là-dessus, théologie, écologie et sexisme concordaient. Après tout, la religion disait que « l'ordre de la création » était déterminé, aussi sacré que la Bible. L'homme avait été créé le premier, avant la femme, raisonnaient les théologiens, il lui était donc supérieur ; pas un mot des grands singes qui l'avaient précédé, bien entendu, ni rien pour expliquer dans ce cas pourquoi la femme, créée la dernière, n'était pas le chef-d'œuvre de Dieu.

La hiérarchie allait de soi. Les hommes étaient au sommet de la pyramide et les femmes tout en bas.

Et la science confirmait ce qu'enseignait la théologie : les femmes étaient « naturelles » étant donné que leur physiologie était conçue pour enfanter plutôt que pour penser. La femme devint ainsi le symbole de ce dont chaque culture se sert, ce dont elle a besoin, ce dont elle dépend et qu'elle déprécie — la nature elle-même. La maternité était comprise comme un processus qui embrassait toute la vie ; la paternité comme un événement isolé, momentané. La « place » des femmes était donc — naturellement — le foyer. Les hommes — naturellement — étaient les propriétaires de la religion, de la politique, de la culture et de la pensée. Les femmes sont « particularistes », attentives aux détails de la vie, estimait le philosophe Claude Lévi-Strauss. Les hommes, au contraire, physiquement dégagés des tâches naturelles, sont universalistes — les hommes vont au-delà du particulier. Ils transcendent le profane.

La femme est symboliste, oui, mais inférieure, intermédiaire, collaboratrice : une plante d'intérieur anoblie. C'est ce qu'ils n'ont cessé de répéter, philosophes autant que théologiens.

Rousseau disait qu'une femme pouvait être instruite mais seulement pour aider son mari à progresser. Mill disait qu'on pouvait éduquer les filles mais seulement pour les préparer à préserver les normes sociales fixées par les hommes. En 1969, Lévi-Strauss disait qu'une femme pouvait étudier afin d'entretenir le système domestique dont dépendaient les hommes pour contrôler le système public. Et dans les années 1990, le pape Jean-Paul II déclara que les femmes avaient une « nature spéciale » pour « un objectif spécial ». Tenir maison, mais pas faire de la théologie ou administrer les sacrements de l'Église.

La vision du monde patriarcale qui découle de ces prémisses est transparente : de structure hiérarchique, foncièrement dominatrice, dualiste dans ses valeurs et masculine dans ses normes. Il est évident que ce qui est au cœur du conflit en matière de théologie, d'écologie et de féminisme, c'est la théologie de la domination ; l'idée que certains d'entre nous ont été faits — conçus — pour être meilleurs que le reste, que certains d'entre nous ont la responsabilité du genre humain… et qu'entre nous, nous savons qui nous sommes. Voilà la théologie de la domination.

Mais la théologie de la domination engendre le conflit, la lutte, la suppression, l'oppression et la révolution. Et c'est ce que nous vivons présentement. Partout. Ça au moins, c'est quelque chose que nous pouvons voir.

La chose ne fait pas le moindre doute : nous avons besoin d'une nouvelle vision du monde. Et il nous la faut tout de suite. Pourquoi ? Parce que le monde opère un virage.

Si la population de la terre était un village de 100 personnes, on y trouverait 62 Asiatiques, 12 Européens, 8 Africains et 13 « villageois » originaires des Amériques. Soixante-dix habitants ne seraient pas blancs. Soixante-sept seraient non chrétiens. Quatorze ne sauraient pas lire. Vingt et un seraient sous-alimentés. Un seul aurait un diplôme universitaire et deux posséderaient un ordinateur. Et 59 pour cent de la richesse du village serait entre les mains de 6 hommes blancs originaires des États-Unis. Pas étonnant que ces six-là achètent autant d'armes à feu. Le monde est en train de basculer et il est sérieusement déglingué.

Mais comment construire une nouvelle vision du monde ? D'où peut-elle nous venir ? En fait, de quoi s'agit-il et comment est-ce qu'on fait ça ? S'ils veulent servir d'assises à la nouvelle vision du monde, la science et l'écologie, la théologie et le féminisme devront se réconcilier.

Premièrement, le christianisme doit se rappeler que Dieu juge « bonne » toute la création, sans distinguer ce qui serait bien, très bien et excellent.

Deuxièmement, le christianisme doit comprendre que la responsabilité humaine à l'égard de la terre est affaire de soin et non de souveraineté.

Troisièmement, le christianisme doit retrouver le sens de la sacramentalité : toutes les choses créées révèlent la présence créatrice de Dieu.

Quatrièmement, le christianisme doit célébrer la finitude humaine, le fait que les êtres humains ne sont qu'une partie de la création — la plus contingente, la plus vulnérable, la plus fragile.

Tout le reste de la création peut fort bien vivre sans l'humanité. Il n'y a que l'humanité qui soit totalement dépendante du reste de la création pour son existence.

Cinquièmement, le christianisme doit se rendre compte que c'est le Sabbat, l'esprit contemplatif, qui est le sommet de la création, pas «l'homme».

Enfin, sixièmement, le christianisme doit redécouvrir le deuxième chapitre de la Genèse, l'histoire du compagnonnage, et commencer à la lire d'un autre œil.

En Genèse 2, Dieu conduit à Adam tous les animaux pour qu'il leur donne un nom. Pour qu'ils se connaissent, en d'autres mots. Pour qu'ils soient mis en rapport.

Personne ne regarde un animal dans les yeux en lui donnant un nom pour le tuer. Nous donnons un nom aux animaux domestiques, ceux que nous faisons entrer dans la famille et dont nous nous rendons responsables, ceux avec qui nous avons un rapport personnel. Genèse 2, le récit du compagnonnage, veut certainement mettre en perspective Genèse 1, le récit de la saine gestion (la bonne intendance). L'écriture est étonnamment claire : en présentant les animaux à l'être humain pour qu'il leur donne un nom, Dieu montre que ce sont les relations, pas la domination, pas l'individualisme, qui rendent le genre humain «à l'image de Dieu».

L'individualisme est théologiquement en faillite. Le «bien commun» comprend toute la création, même le non-humain. Mais si c'est bien le cas, les mâles ne sont guère indépendants, et ils ne sont surtout pas la norme universelle de quoi que ce soit.

Le sexisme, par conséquent, c'est de l'hérésie; de l'orgueil pathologique; l'*hubris* élevée au rang d'œuvre d'art. En réalité, c'est la science qui a redécouvert la théologie à notre place — elle l'appelle écologie. La science sait que tout ce qui existe vit en interrelation; que l'humanité n'est qu'un aspect de la trame de la vie; que notre connectivité est infiniment complexe et qu'après avoir empoisonné la terre et pollué l'atmosphère, nous sommes à la veille d'une dévastation naturelle extrême et de changements naturels irréversibles. Si nous ne voyons pas notre péché et si nous ne l'appelons pas par son nom, c'est que la vision du monde anthropomorphique (axée sur l'humain) nous aura laissés en panne, spirituellement orphelins. La vision du monde androcentrique (axée sur le mâle) nous aura détruits, réduits à l'amnésie spirituelle, mis en conflit avec nous-mêmes, avec l'univers et avec Dieu le créateur.

Le monde n'existe pas que pour nous. Au contraire. La diversité est nécessaire. C'est la diversité que nous sommes en train de dégrader et détruire. Alors que la spécialisation est entropique. C'est la spécialisation qui tue. Si nous ne produisons qu'une seule denrée, le sol meurt; si nous insistons pour imposer un seul système social, la créativité meurt; si nous n'admirons qu'une seule culture, les peuples meurent; si nous exaltons un seul sexe, c'en est fait de la plénitude de l'humanité.

C'est pourquoi le féminisme s'en prend à l'androcentrisme, cette simplification de la vie réduite à un seul point de vue sexospécifique. C'est que la simplification n'est bonne pour personne. Elle n'est pas bonne pour les femmes. Elle n'est pas bonne pour la planète. Elle n'est même pas bonne pour les hommes — qu'elle isole sur le plan affectif, qu'elle déforme sur le plan social, qu'elle pousse à bout sur le plan physique et à qui elle impose des exigences impossibles sur le plan psychologique.

L'androcentrisme n'est pas spirituel parce qu'il ignore la valeur spirituelle de l'autre moitié du genre humain; il est immoral parce qu'il exploite le reste de la création. Et il est non chrétien parce qu'il ne voit pas Dieu incarné en toutes choses. C'est pourquoi le féminisme refuse l'universalisation de l'expérience masculine. Les femmes savent qu'elles voient les choses autrement et elles tiennent à ce que cette perspective soit respectée pour le bien du genre humain. Les femmes savent qu'elles pensent et qu'elles sentent autrement sur bien des sujets, et elles veulent que ces pensées et ces sentiments soient pris en compte quand il s'agit de décider — pour le bien du genre humain. Les femmes savent qu'elles ont une physiologie différente et elles veulent que leur corps soit apprécié, respecté et écouté pour tout ce qui touche la vie (pas seulement les questions d'ordre biologique) pour le bien du genre humain.

Le féminisme rejette la hiérarchie et la domination, pas seulement pour les femmes, mais pour le bien du reste du genre humain. En fait, l'écoféminisme — un féminisme qui intègre Genèse 2, la science, l'écologie et la plénitude de l'humanité — repense le féminisme lui-même. Un féminisme des droits égaux qui se contente d'exiger ce qu'ont déjà les hommes ne va pas assez loin. Un féminisme radical qui recherche la séparation et qui divise le genre humain sous prétexte de l'améliorer ne va pas assez loin. Un féminisme socialiste qui se concentre sur ce qui est bon pour les êtres humains mais ne tient pas compte de la nature ne va pas assez loin.

Le féminisme — le vrai féminisme — est une nouvelle vision du monde qui transcende le chauvinisme masculin, qui rejette le chauvinisme féminin, qui n'est pas qu'anthropocentrique mais embrasse la création et trouve sa joie dans la nature et voit « l'image de Dieu » également grande chez la femme et chez l'homme, dans le cosmos et dans l'ensemble de la création.

L'écoféminisme est une nouvelle vision du monde. L'écoféminisme ne pratique pas la condescendance en lui accolant l'étiquette d'égalité. L'écoféminisme n'asservit pas au nom de la « volonté de Dieu ». L'écoféminisme ne divise pas sous prétexte de libération. L'écoféminisme n'exclut pas en invoquant la « loi naturelle ».

L'écoféminisme guide l'humanité vers l'intégrité en redonnant leur intégrité à la religion et à la science.

Évidemment, l'écoféminisme n'est ni rébellion ni infidélité ni dénigrement (*male-bashing*) ni narcissisme féminin. C'est simplement l'aboutissement spirituel qui découle de la prise de conscience scientifique de ce que la vie n'est pas une échelle mais une trame de différences qui s'harmonisent.

Le péché de racisme, le péché de génocide, la destruction de la planète au nom de Dieu et de l'argent et la discorde autour du sexisme — justifiée pourtant, et à poursuivre — commencent à pâlir dès qu'on fait se recouper Genèse 1, le récit de la bonne gestion, et Genèse 2, le récit du compagnonnage.

La connectivité est une intuition profondément ancrée dans le cœur humain. Elle est à la base de chaque révolution. Elle est l'éclair de lucidité qui a nourri les révolutions démocratiques du XVIIIe siècle, les mouvements pour l'émancipation et pour le suffrage au XIXe, la Loi sur les espèces menacées de 1973, la législation sur les droits des animaux des années 1990, la montée de la théologie de la libération et la subsistance du féminisme lui-même.

Elle appelle à grands cris une nouvelle façon de penser et de voir : elle nous presse de comprendre que l'autonomie est une illusion, que la rationalité ne suffit pas pour apprécier les valeurs, que les femmes ne sont pas plus proches de la nature que les hommes et que les hommes ne sont pas plus éloignés de la nature que les femmes, que la domination détruit le dominateur et que l'humain est appelé à cultiver tout ce que Dieu a déclaré « bon ».

Nous devons commencer à contester le traitement inhumain du non-humain. Nous devons refuser de voir dans le sexisme un principe théologique. Nous devons nous voir nous-mêmes comme faisant partie de la nature, et non en dehors d'elle. Nous devons commencer à voir Dieu dans la nature en même temps qu'Il la dépasse — comme Trinité, Sophia, Mystère — plutôt qu'investi du genre de pouvoir qui prétend sanctifier nos abus de pouvoir.

La religion elle-même doit assumer la responsabilité de notre irresponsabilité. Nous sommes ici pour devenir, pas pour détruire.

Un jour, le Bouddha fut menacé de mort par un bandit sur la route. « D'abord, dit le Bouddha au bandit, respecte ma dernière volonté et coupe la branche de cet arbre. — Voilà, dit le bandit en tendant la branche au Bouddha, mais je me demande bien à quoi elle pourra te servir maintenant. — Très juste, de dire le Bouddha. Alors, s'il te plaît, replace la branche sur l'arbre. — Tu dois être cinglé, dit le bandit, pour penser que quelqu'un puisse faire ça. — Oh, bien au contraire, mon ami, de répondre le Bouddha. C'est toi qui es insensé si tu te crois puissant simplement parce que tu peux blesser et détruire. Le puissant est celui qui emploie sa force à créer et à guérir.»

«Les saints ne voient pas des choses que les autres ne voient pas, disait Edwards. Ils voient seulement ce que voit tout le monde — mais ils le voient autrement.»

Il nous faut commencer à comprendre que la domination est la voie des faibles. Mais notre monde — tout notre monde, avec toutes ses races, toutes ses femmes et ses hommes, ses plantes et ses animaux — a besoin d'être libéré et responsabilisé maintenant. Il nous faut commencer à voir autrement si nous voulons vraiment être saints.

Il nous faut commencer, tous et toutes tant que nous sommes, à remettre ensemble l'arbre de la vie.

CHAPITRE 10

La sainteté

« La SAINTETÉ EST AUSSI UNE TENTATION », écrit Jean Anouilh dans *Becket*. La justesse de cette intuition clignote discrètement au centre de notre âme. Ou peut-être le devrait-elle. La tentation lancinante de poser des gestes de piété par tartuferie, le risque de se laisser séduire par des déformations de la sainteté, la fascination que peuvent exercer de saints personnages qui défilent sur la scène de notre vie, enveloppés d'encens et drapés de vêtements sacrés tandis que le monde reste plongé dans la douleur, tout cela lève le voile sur les horreurs de la « tentation de la sainteté ».

La tradition catholique appelle à la vigilance et propose de vigoureux modèles de sainteté qui vont bien au-delà des représentations éthérées ou ascétiques du soi. La sainteté chrétienne exige la conversion de la volonté à Dieu, l'immersion dans l'esprit de Jésus et l'engagement envers la communauté humaine. Elle nous exhorte à lutter avec le soi, à revêtir l'audace brûlante du Christ et à faire l'offrande de nous-mêmes pour le monde qui nous entoure. La sainteté chrétienne ne consiste pas à vivre la loi, elle consiste à vivre la vie de Jésus qui a marché sur les routes de Galilée en donnant à manger, en purifiant, en guérissant et en affirmant partout qu'il était venu apporter le Règne de Dieu. Elle a pour modèle le Jésus qui fit réponse à Jean qui lui demandait s'il était « celui qui doit venir » : « Allez rapporter à Jean ce que vous entendez et voyez : les aveugles voient, les boiteux marchent, les lépreux sont purifiés, les sourds entendent, les morts ressuscitent et la bonne nouvelle est annoncée aux pauvres. » (Mt 11, 4-6) Il est évident que le chrétien ne va pas au ciel tout seul. Quand la sainteté de quelques-uns d'entre nous se construit sur l'invisibilité du reste, le péché sans fard, l'égoïsme sans apprêts ont meilleure allure que la sainteté artificielle.

La tradition chrétienne insiste douloureusement là-dessus. Nous n'allons pas au ciel du fait de nos mérites. Nous n'atteignons pas les sommets du développement spirituel en pomponnant notre âme de rites et en évitant de plonger dans la mêlée de la condition humaine. Au contraire, le saint, la sainte chrétienne est quelqu'un qui a revêtu la mentalité du Christ, et donc aussi le cœur brisé du monde. Ce sont ces personnes-là dont la sainteté vient interpeller notre vie à nous.

L'idée nous vient que nous pouvons être tentés de perdre notre vie, sous prétexte de sainteté, à faire des choses qui n'en valent pas la peine. Nous pouvons entreprendre d'être précisément ce dont le monde n'a pas besoin et ce que Jésus rejetterait en y voyant un comportement de « sépulcres blanchis ». Cette sorte de sainteté est un énorme piège tant pour les personnes sincères que pour les hypocrites. Chez les personnes sincères, l'idée suscite le spectre d'une vie gaspillée ; quant aux hypocrites, elle menace de les démasquer. D'une part, rechercher la sainteté au mauvais endroit, c'est risquer le vide de l'âme. Imaginer que la sainteté est affaire de dévotions régulières et de discipline rigoureuse, c'est supposer que nous pouvons devenir dieux pour nous-mêmes et par nous-mêmes. Ce serait là une sainteté qui ne serait pas mise à l'épreuve. D'autre part, aspirer à la sainteté pour les mauvaises raisons, c'est se forger une âme déformée. Prendre la pose devant le genre humain, sans consistance, sans le bénéfice de la détrempe, sans pouvoir transiger en comptant sur la monnaie de la pertinence humaine, c'est tordre les fils de notre vie pour en faire une tapisserie de rien. Si sincère qu'elle puisse être en ses excès, si séduisante qu'elle paraisse aux yeux du public, la fausse sainteté — la sainteté qui se fonde sur le moi — n'est pas chrétienne. La sainteté doit aller plus loin que la satisfaction du moi, plus loin qu'une sorte de piété protectrice ou qu'une quête de l'aval du public.

Mais alors, si nous entreprenons de devenir saints et saintes, dans la tradition chrétienne, dans quoi exactement nous lançons-nous et comment savoir que nous sommes sur la bonne voie ?

Différents styles de sainteté ont marqué différentes périodes de l'histoire chrétienne, les uns étonnants de simplicité, certains dangereusement proches de la névrose. La sainteté chrétienne est allée de la négation totale de la vie à la proclamation absolue de la Parole. Choisir entre ces pôles représente à chaque époque le grand défi de la vie spirituelle. Ce choix a une portée à la fois personnelle et collective. Quelque forme qu'ait prise sa sainteté dans une culture donnée, le vrai saint a toujours été considéré à la fois comme un témoin (public) et comme un mystique (personnel). Tels furent les saints qui ont touché la vie des autres d'une manière significative tout en se concentrant sur leur propre itinéraire.

Le saint chrétien devient le Visage de Dieu au foyer de la vie, qui rappelle à chacune et à chacun de nous que nous sommes appelés à faire plus qu'exister et à être plus qu'un souffle perdu dans la nuit des temps. Ceux et celles que nous prenons pour modèles ne font pas que changer notre monde, ils lui font faire un virage complet, un degré à la fois. La sainteté n'est pas une affaire de dévotion personnelle. L'appel à la sainteté est une invitation à choisir attentivement la façon pour nous d'investir notre âme, d'opter pour l'Évangile plutôt que pour la perfection du moi ou la préservation de l'institution parfaite, voire la sécurité d'un salut bien tranquille.

La sainteté chrétienne est plus grande que le moi, plus grande que la piété personnelle ; elle a plus de sens que la religion recherchée pour elle-même. Elle ne s'identifie pas à un état de vie, à un emploi ou à un contexte particulier. Elle est aussi variée que le désert de Judée, une noce à Cana, le temple de Jérusalem. La fleur de la tradition chrétienne trouve ses saints dans la foule comme dans les ermitages, au sommet des montagnes comme dans les grottes, à la résurrection comme au pied de la croix, dans le bruit comme dans le silence, chez des femmes qui contestent le système pour construire un monde meilleur et chez des hommes qui donnent leur vie pour que d'autres puissent avoir la vie « et l'avoir en abondance ».

Ce que le monde qualifie de saints, ce que les « saints » appellent sainteté nous parle, à nous autres, de ce que peut être notre propre vie. Tout cela nous fait prendre conscience que la vie peut être beaucoup plus que ce que nous en voyons. Il peut y avoir beaucoup plus dans la vie que ce que nous avons réussi à acquérir. Il peut y avoir beaucoup plus dans la vie que ce que nous sommes disposés à donner. La sainteté chrétienne est bien plus un projet communautaire qu'un projet individuel, bien plus une démarche collective qu'une démarche personnelle. Ce que je suis, le reste du monde a le droit de l'être. Ce que je suis devient un barème pour le reste de la société. Je porte l'obligation d'être ce que le monde a besoin de me voir être et je tourne un regard plein d'espérance vers ceux et celles qui ont assumé cette obligation avant moi. La vie chrétienne exige un engagement à l'égard de la vie du Christ qui a fréquenté les pécheurs, purifié les lépreux, ressuscité des femmes, contesté les autorités et défié l'État. C'est une vie de présence prophétique et de service désintéressé dans un monde dont l'âme s'est desséchée.

Les saintes et les saints ont donc toujours fait partie de l'histoire chrétienne. Ce sont eux qui, l'âme limpide et le regard franc, dirigent leur vie en pensant à son sens. Les saintes et les saints balisent le chemin pour ceux et celles qui les suivent. Éclaireurs, modèles, ils brillent telles des étoiles dans la nuit de chaque génération pour nous aider à nous rappeler la gloire de l'humanité et le magnétisme de la divinité. Ils font luire une promesse de possibilité au creux du désespoir, une espérance au cœur de la banalité. Ils jettent une lumière nouvelle sur ces éléments de la vie que la négligence a émoussés. Ils nous rappellent, quand nous sommes au plus bas, les sommets que peut atteindre l'humanité. Ils nous font redécouvrir d'anciennes vérités, voir d'un autre œil le Dieu parmi nous qui passe chez nous pour «que les aveugles voient, que les sourds entendent et que les pauvres aient la preuve de leur libération».

À chaque génération, on a usé et abusé des saints, on les a sous-évalués, on les a négligés, ils ont été incompris et statufiés. Certains qu'une génération avait canonisés ont été ignorés par la suivante. D'autres furent sous-estimés à une époque et vénérés exagérément par une autre. Mais la plupart ont simplement offert au genre humain un rappel de la grandeur de l'esprit. La plupart furent des gens simples qui, plongés dans une situation d'intérêt public, ont réagi personnellement d'une manière profondément spirituelle. Un disciple soufi demanda un jour à son maître: «Y a-t-il quelque chose que je puisse faire pour connaître l'illumination? — Pas plus que pour faire se lever le soleil au matin, répond le maître. — Alors, à quoi bon les exercices spirituels que vous nous prescrivez? — À faire en sorte que tu ne dormes pas quand le soleil commencera à se lever.»

La dévotion chrétienne n'est rien de plus qu'un prélude à la sainteté chrétienne. Elle laboure l'âme pour qu'à l'heure où la sainte présence s'imposera finalement, nous soyons prêts à l'accueillir, à la capter, à la saisir. La sainteté chrétienne est beaucoup plus que la dévotion chrétienne. La sainteté chrétienne exige que nous devenions ce que nous cherchons pour que d'autres, à l'heure de leurs combats spirituels, puissent aussi y puiser du réconfort.

À qui demande: pourquoi des saints? il faut répondre: pourquoi pas? Chaque génération a besoin de héros et d'héroïnes. Ce n'est pas que les saints soient des humains devenus divins. Ce sont des humains devenus pleinement humains, qui sont ce qu'un être humain peut être de mieux, qui vivent en pleine résonance avec la vie dans ce qu'elle a de plus significatif. Les saints et les saintes sont ces personnes autour de nous, dans notre proche voisinage ou dans un grand bureau, qui nous replacent chaque jour devant les grandes questions de l'existence et qui proposent la réponse de ce qu'elles sont.

Nous recherchons toujours et partout les signes de la meilleure part de nous-mêmes. Nous nous mesurons nous-mêmes à l'aune de ceux et celles qui ont lutté avec les mêmes anges, qui ont connu la même nuit obscure, qui ont subi la chaleur du jour et remporté la victoire, qui sont parvenus à la lumière, à une conscience nouvelle de la vérité de la vie, en dépit des pressions à l'extérieur et des combats à l'intérieur. Nous cherchons autour de nous ces personnes qui, dans notre vie, confèrent réalité et vérité à la grande histoire de Jésus. Nous cherchons ceux et celles qui ont touché Jésus et qui s'en sont trouvés renouvelés afin de pouvoir nous-mêmes trouver du sens à nous dépasser.

La difficulté qu'il y a à canoniser tient à la difficulté de définir des critères. Qui décidera de ce qu'est vraiment la « sainteté » ? En fait, y a-t-il quelqu'un d'autre que moi qui sache ce que j'ai eu à vivre, et avec quel succès, quelle profondeur, quelle noblesse je l'ai vécu ? Qui peut dire si j'ai fait preuve de plus ou moins de courage, de plus ou moins de foi ? Qui sait ce que j'ai eu à supporter pour donner le meilleur de moi-même ? Et y a-t-il quelqu'un qui vive cela sans difficultés ? Voilà des questions fondamentales. Sainte Thérèse de Lisieux, dont les manuscrits ont été épurés par sa communauté avant d'être livrés au public, a été présentée au monde comme une argile malléable entre les mains de Dieu. Mais vers la fin de sa vie, elle écrivait dans son journal : « Je suis assaillie par les pires tentations d'athéisme. » Il est évident que l'absence de combat n'a rien à voir avec la sainteté. C'est le combat qui fait la sainteté.

Pendant des siècles, l'Église a présenté à la communauté humaine des exemples et des modèles de sainteté. Nous leur donnons le nom de « saintes » et de « saints » mais souvent, nous voulons parler en fait d'«icônes», de «vedettes», de «héros», de gens habités par une telle vision de la bonté divine qu'ils nous font entrevoir le visage de Dieu au cœur de ce qui est humain. Ils nous donnent un avant-goût de nos possibilités de grandeur.

Mais hélas, l'idée moderne de sainteté a subi une double évolution : on a fait des saints des personnalités officielles puis ils sont devenus insipides.

Au XIVᵉ siècle, après qu'on eut pendant des siècles désigné les saints par acclamation populaire, le Vatican a établi une procédure et des critères pour déterminer si les personnes que vénérait la population de telle ou telle localité étaient dignes d'inspirer l'émulation générale. Le processus de canonisation était dans l'ensemble sérieux et justifié. La multiplication des saints locaux, désignés par ceux et celles qui avaient été impressionnés par les fruits de leur vie spirituelle ou par la valeur de leurs œuvres, était un mouvement grandiose et profond. Elle nous enseignait au moins à prendre conscience de la personnalité des gens qui nous entourent, qui se tiennent aujourd'hui à nos côtés, et qui appliquent la flamme de l'Évangile à la banalité des circonstances. Mais cette redondance du bien a autant contribué à brouiller ce qui fait sa grandeur qu'à en diffuser l'image. Les «saints» surgissaient de tous les côtés car chaque pays, chaque région, chaque ville, chaque paroisse voulait avoir ses reliques, sa patronne ou son patron.

Par contre, le processus de canonisation officielle créait une distance entre les gens qui avaient besoin de modèles et les personnalités, les forces qui avaient inspiré leur vie dans l'ici et le maintenant. Le plus souvent, seules les réputations qui avaient longtemps survécu aux candidats à la sainteté étaient jugées dignes d'intérêt par la Congrégation pour les causes des saints. Mais bien sûr, à ce moment-là, leur renommée spirituelle s'était estompée, leur rayonnement social avait diminué.

Le processus de canonisation recherchait l'héroïcité dans le bien : il séparait la simple piété de la sainteté vigoureuse ; il exigeait des miracles comme preuve de la vertu ; il se concentrait sur les professionnels de la religion au détriment des laïques, sur les hommes au détriment des femmes, sur les riches plutôt que sur les pauvres ; il voyait dans la docilité ecclésiastique un signe de sainteté et jugeait les causes en fonction de critères hérités de siècles parfois très lointains.

Aujourd'hui encore, le processus empêche l'hystérie collective de devenir la norme de la sainteté. Il court cependant le risque de ramener la passion sacrée au niveau de la piété prosaïque. Il menace de sanctifier l'insipide. Il s'expose à produire une bonté de carton-pâte. Il exclut les personnes qui tombent en essayant d'atteindre de nouveaux sommets. Il découpe la sainteté dans un matériau commun : le théologiquement bienséant, l'ecclésiastiquement docile, le moralement sûr. Par conséquent, il écarte tout un lot de personnes qui ont provoqué une croissance de l'âme du monde mais qui ne peuvent pas endosser les idées reçues aujourd'hui dans l'Église, qui peuvent n'être même pas catholiques, qui peuvent même faire montre de défauts, être aux prises avec un combat. Tout cela alimente, finalement, une théologie du désenchantement, l'idée que seuls les parfaits, le Chrétien avec un grand C, peuvent nous faire entrevoir le visage de Dieu, en dépit de Moïse et d'Abraham, de la Samaritaine et de Pierre, de David et de Samson.

Or, de toute évidence, ceux et celles qui nous indiquent la voie vers Dieu ne sont pas tous nécessairement parfaits. Il y a des personnages rayonnants du fait de la cause qu'ils défendent mais dont la vie personnelle est déconcertante. Ils sont parfois aussi désemparés que nous le sommes. Leur vertu est indicible dans un domaine donné et leur faiblesse va jusqu'au péché dans un autre. Mais en même temps, ils portent au cœur une flamme assez éclatante pour éclairer la route de la multitude. Ils sont poussés par la volonté de Dieu sur l'humanité et ne se satisfont de rien de moins. Ils se dressent sur des échasses dorées au-dessus des gens de leur génération, leurs compagnons de route, leurs semblables, et ils deviennent un signe de ralliement pour les générations à venir. Ils sont la preuve que c'est possible, preuve venue du passé et symbole d'espérance pour les âges à venir. Ils condamnent sans un mot l'époque où ils vivent, et ils nous lancent le défi de faire de même. Et surtout, ils sont importants pour nous aujourd'hui. «On ne vient pas simplement en aide à sa propre génération, enseignent les Hasidim: génération après génération, David répand l'enthousiasme dans les âmes maussades; génération après génération, Samson revêt les âmes faibles de la force des héros.»

La sainteté dans la tradition chrétienne exige donc beaucoup plus que la piété personnelle. Elle suppose une vie tellement enracinée dans la volonté de Dieu, tellement donnée aux autres et ouverte à des préoccupations d'une telle ampleur qu'elle nous amène à nous questionner sur la qualité de notre âme, sur la profondeur de notre vie, sur la valeur de nos choix. Le saint, la sainte nous confrontent au cœur de Jésus, à la logique de Dieu. Le saint, la sainte nous coupent le souffle. Nous voyons en eux ce que nous savons que nous devrions être et nous baissons la tête, non pas sous l'effet de la honte mais dans la contemplation. Le saint ne prêche pas de platitudes; le saint crie la justice et exerce le service jusqu'à ce qu'advienne la justice.

La sainteté chrétienne exige plus d'engagement public que de piété personnelle, si importante que soit la piété pour cultiver l'âme chrétienne.

La sainteté chrétienne dépasse l'incarnation pour aller jusqu'à la crucifixion, dépasse la présence à l'autre pour aller jusqu'à accepter de souffrir pour l'autre.

La sainteté chrétienne brandit bien haut les normes de l'Évangile dans un monde qui préfère la charité à la justice.

La sainteté chrétienne nous fait mettre à genoux, tous tant que nous sommes, devant les questions de l'âme, elle nous met au défi de nous mesurer à une toise qui dépasse nos propres barèmes, nous montre à chacune et à chacun la voie du dépassement de nous-mêmes vers les autres, nous fait passer de la bonté à l'Évangile, de nos soucis individuels et chauvins à l'engagement cosmique.

Le saint, la sainte voient le monde à travers les yeux de Dieu et réagissent, où qu'ils se trouvent et quels que soient leurs moyens, pour que Jésus qui vit en eux puisse vivre par eux.

C'est là une route obscure et dangereuse qui demande plus que la fidélité au dogme, plus que la préservation de la doctrine, plus que l'observance de la loi. La sainteté demande un grand courage et une grande foi. Elle vit parfois cachée, comme Charles de Foucauld chez les Arabes pour jeter un pont entre l'islam et le christianisme. Elle intervient parfois de manière très publique, comme Bartolomé de Las Casas pour défendre l'humanité des indigènes d'Amérique. Elle s'aventure parfois là où elle n'en a pas le droit et fait parfois ce qui lui est interdit, comme Catherine de Sienne en politique ecclésiastique et dans sa critique du pape. Elle mène parfois une vie de cruel abandon, comme Franz Jägerstätter qui, le seul de son village, a refusé de servir dans les armées de Hitler et qui a été exécuté. Mais toujours, toujours, elle vit plus de principes que de piété. Elle va au-delà des normes habituelles pour faire voir la gloire de Dieu latente dans la normalité. Elle vit le quotidien d'une façon qui nous interpelle tous. Et elle ne se satisfait aucunement des normes officielles de l'époque. François d'Assise a ouvert l'esprit de l'Église au sujet de la richesse. Thérèse d'Avila a ouvert la perspective de l'Église sur la nature de la spiritualité personnelle. Le courage et l'ingéniosité de Harriet Tubman, qui a échappé à l'esclavage et qui a aidé ses frères et sœurs noirs à se libérer, ont enseigné à l'Église ce qu'elle peut devenir en face de la peur. Monsignor Hugh O'Flaherty, cadre au Vatican pendant la Deuxième Guerre mondiale, a montré en protégeant les réfugiés juifs que l'Église était encore capable de sainteté dans un monde envahi par le péché.

Les uns entendent l'appel des exigences du quotidien. D'autres préfèrent faire du quotidien un prétexte pour ne pas répondre aux exigences qu'il présente réellement, pour choisir la piété plutôt que la sainteté. « La sainteté est aussi une tentation. » En fait, la sainteté peut devenir son propre péché, auquel cas nous devons apprendre à nous repentir des petits nids privés que nous nous sommes construits au nom de la vie spirituelle. Il nous faut recommencer à marcher sur les routes de Galilée avec Celui qui nous ramène à nous-mêmes pour y affronter les démons qui veulent nous enfermer en nous-mêmes, qui nous fait sortir de nous-mêmes vers un monde dans le besoin et qui nous exhausse au-dessus de nous-mêmes pour nous faire voir le monde comme Dieu le voit. Il nous faut devenir ce que nous pensons tous ne pas pouvoir être pour devenir un jour ce que nous sommes appelés à être : des « icônes », des « rebelles », des « étoiles » et des « saints ».

CHAPITRE 11

La tradition

VOICI UNE HISTOIRE qu'il vaut peut-être la peine de répéter, à une époque de discrimination, de réfugiés, de destruction planifiée de la planète, de mensonges de l'État et d'asservissement industrialisé du tiers-monde.

Un jour, un disciple dit à l'ancien : « Saint homme, j'ai une grave question spirituelle à vous poser. Y a-t-il de la vie après la mort ?

— Voilà une question intéressante, de répondre l'ancien, mais ce n'est pas la plus grave question spirituelle. La plus grave question spirituelle est plutôt celle-ci : y a-t-il de la vie avant la mort ? »

Un deuxième précepte de l'Écriture se rattache au premier. « Enseigne à l'enfant à marcher dans le droit chemin, dit le livre des Proverbes, et l'adulte ne s'en écartera pas. »

Jésus était fidèle à la vie avant la mort, et il avait été formé à cette fidélité dès son jeune âge. Si nous voulons la vie avant la mort, nous devrons y avoir été préparés de la même manière.

La plupart des catholiques de ma génération ont été formés au catéchisme ; la religion se trouvait réduite à des absolus et à des lois, à des listes de péchés et de fêtes d'obligation, à des formules théologiques et des dévotions personnelles, au légalisme et au piétisme. La religion était une affaire strictement personnelle ; l'individualisme était le grand prêtre du Nouveau Monde, et la mission civilisatrice de l'homme blanc (*white man's burden*), le fondement de la politique étrangère.

Pas étonnant qu'en grandissant nous ayons été si différents du Jésus qui disait : «Pais mes brebis» et du Jésus ressuscité des morts pour retourner, non pas à Jérusalem, centre de pouvoir, mais en Galilée, l'arrière-pays où les pauvres et les marginalisés, les illettrés et les indésirables, les simples et les grossiers attendaient leur délivrance. Jésus, voyez-vous, n'avait pas étudié le catéchisme. Jésus avait étudié les psaumes.

Chantés pendant des siècles, les psaumes ont saisi la sagesse et les intuitions spirituelles d'une suite de générations. Ils chantent la louange et la peur, la foi et la victoire finale. Ils chantent à Dieu toutes les émotions humaines. Ils parlent à Dieu. Ils parcourent le monde en quête de réponses à l'insoluble. Ils font résonner à travers le temps le souvenir de la fidélité de Dieu et l'introspection de l'humanité, les plus hautes aspirations et la plus profonde douleur de l'âme humaine. Ils chantent une théologie de la vie humaine qui transcende les frontières nationales, le repli sur la vie privée et le culte du profit. Ils chantent l'ensemble du genre humain uni à Dieu qui est vie. Ils chantent un peuple qui pèche en tant que peuple, un peuple sauvé en tant que peuple, qui gémit devant Dieu comme peuple et qui voit Dieu partout. Les psaumes sont un cours intensif sur la justice, pas un recueil de lois. Les psaumes appelaient Jésus à dépasser le judaïsme et nous appellent, nous, à sortir de nous-mêmes.

Il est impossible de prier les psaumes et de rester chauvins. Il est inconcevable de prier les psaumes et de défendre un nationalisme étroit. Il est impensable de prier les psaumes et de patauger dans une théologie de la domination qui donne au petit nombre le droit d'abuser de la majorité au nom du capitalisme ou du communisme ou du cléricalisme ou du sexisme ou du racisme ou par arrogance.

Et Jésus le savait car Jésus s'était fait de la prière des psaumes un mode de vie.

Qu'est-ce que Jésus a appris dans les psaumes et qui se retrouve peut-être dans notre théologie mais beaucoup plus sous forme de questions que de réponses?

Jésus a appris que les pauvres sont entendus. « Tu entends le nécessiteux et l'opprimé », dit le Psaume 69. « Que les pauvres crient vers moi, et je les entendrai », insiste le Psaume 34. Voilà une sombre mise en garde pour qui a des oreilles pour entendre. Les psaumes ne disent pas que les pauvres seront sauvés miraculeusement. Oh non. Les psaumes promettent seulement que les pauvres seront entendus. Et qu'on ne les oubliera pas, probablement. Et que justice leur sera rendue, en fin de compte. Comme pour Lazare et le riche.

Les psaumes laissent entendre assez explicitement que même si vous et moi n'entendons pas les pauvres, Dieu, lui, les entendra. Éventuellement. Quand cela comptera. Et vous et moi qui ne les entendons pas et qui ne nous penchons pas sur eux et qui n'allons pas à eux et qui ne nous portons pas à leur défense, nous ne serons pas entendus de Dieu.

Et c'est pourquoi Jésus, formé à l'école des psaumes, savait entendre les pauvres même le jour du Sabbat, même dans le Temple, même à la table des riches.

La question qui se pose aujourd'hui, c'est de savoir si, oui ou non, nous aussi, nous parlons pour les pauvres de nos mondes — pour les Noirs privés de leur culture au nom du catholicisme tandis que les anglophones et les Européens en sont gavés ; pour les femmes à qui l'on dit que le message de Jésus pour elles, c'est : ne venez pas à ma suite ; pour les théologiens qui posent de nouvelles questions afin d'établir la pertinence de l'Évangile à notre époque ; et pour les pauvres du monde dans toutes les régions de tous les pays, rejetés par l'équation capitaliste qui rend la faiblesse inacceptable et les pauvres interchangeables.

Jésus a appris dans les psaumes que le monde est une réalité cosmique, et non le domaine réservé, la prérogative nationaliste de quelques élus. « Le créateur aime tous les enfants de la terre et façonne le cœur de chacun d'entre eux », nous rappelle le Psaume 33. « Dieu touche tout ce qui existe au ciel et sur la terre », se faisait constamment répéter Jésus. « Tout est plein de la présence sacrée », entendait-il dans le Psaume 103. Face à l'aveuglement et à l'indifférence, Jésus avait appris que la planète ne nous a pas été donnée pour la piller. L'univers n'est pas soumis à notre arbitraire. Les peuples ne sont pas à notre merci. Dieu répand le bien et veut le bien pour tout le monde.

Jésus, on le voit clairement, bénissait également les Juifs et les non-Juifs, le centurion et la Samaritaine, la femme et l'homme, les injustes et les justes. En Dieu, disent les psaumes à un monde de bals des débutantes, de clubs privés et de peuples «sous-développés», il n'y a tout simplement pas de conventions, de normes, de rang, de gens à qui se mêler par opposition à ceux qu'il s'agit d'éviter, il n'y a pas de nations moins brillantes, moins humaines, moins autorisées que nous à bénéficier des fruits de l'humanité.

Et pourtant nous déménageons nos usines dans le tiers-monde et nous décidons du niveau de vie des gens. En fait, nous exportons nos industries mais pas nos échelles salariales ni nos régimes de retraite ni notre code du travail ni nos assurances santé et nous prétendons avoir fait le bien. «Où en seraient ces gens sans notre industrie?» disons-nous en achetant des caftans des Philippines à 7 dollars pièce pour les revendre 70 dollars chacun en Floride. Et nous nous glorifions d'avoir éliminé notre système d'esclavage qui fournissait à notre main-d'œuvre nationale une maison et un réseau familial de manière à pouvoir payer des salaires d'esclaves sans avoir à fournir de maison et de nourriture à la famille asservie. C'est là une spiritualité qui est à l'opposé des psaumes qui demandent justice pour la veuve, l'orphelin et l'étranger, qui exigent la reconnaissance de la présence sacrée chez tous les êtres humains.

Ce que Jésus a appris dans le Psaume 145, c'est que Dieu est le Dieu de toutes et de tous. «Les yeux sur toi, toutes les créatures espèrent, et tu leur donnes la nourriture en temps voulu; tu ouvres la main et tu rassasies généreusement tout ce qui vit.» Et Jésus enseignait aux Samaritains, guérissait des païens, parlait aux Romains et enseignait aux femmes, méprisées des Juifs en public, des choses d'intérêt public. Ainsi est-ce à des femmes que Jésus a d'abord appris qu'il était le Messie et qu'il était ressuscité des morts.

En d'autres mots, la discrimination au nom de la religion est abominable. Une croisade contre des Arabes, l'holocauste contre les Juifs n'ont pas leur place dans la vie d'un peuple psalmique. L'exclusion des Romains et l'oubli des Samaritains n'ont pas de sens dans l'esprit de ceux et celles qui ont commencé à voir le monde à travers le filtre des psaumes. La désintégration nucléaire de la planète est tout simplement impensable pour un peuple psalmique. L'exploitation du globe est une folie pour un peuple psalmique. La féminisation de la pauvreté est inimaginable pour un peuple psalmique. Le dénigrement, l'asservissement et l'effacement théologique des femmes sont purement inacceptables pour un peuple qui prie les psaumes, qui les comprend et qui grandit dans la spiritualité des psaumes.

« À moi la vengeance, je le leur revaudrai », a appris Jésus dans les psaumes. Le pouvoir des méchants sera brisé. Dieu prend soin des justes, se répète Jésus avec le Psaume 37. Et l'idée l'a sûrement réconforté face aux rabbins hostiles, aux soldats méprisants et aux témoins manipulés. Mais dans notre poursuite d'une paix factice, nous avons peut-être oublié l'énergie qu'engendrent un élan de sainte colère et l'abandon à Dieu des résultats.

Il y a eu des mouvements, même dans la tradition de la prière monastique, qui pour mettre l'accent sur le message central des psaumes auraient voulu éliminer ce qu'on a appelé les « Psaumes d'imprécation ». « Comment ouvrir la porte à la malédiction dans la prière ? » demandent les puristes. Mais peut-être vaut-il mieux nous demander où, ailleurs que dans la prière, porter nos imprécations puisque c'est là que nous reconnaissons, à l'heure de notre douleur la plus vive, que le châtiment ne nous appartient pas, que c'est Dieu qui est le Dieu de justice. Comment expliquer autrement que Jésus soit allé « comme un agneau à l'abattoir », non sans conflit mais sans haine : Jésus savait, quel que dût être le prix de son engagement, que Dieu lui rendrait justice en fin de compte. Comment expliquer autrement que Jésus n'appelle pas à son aide les armées célestes, ou qu'il interdise à Pierre de tirer l'épée ? Comment expliquer autrement que Jésus ait vu le péché sans le punir, la souffrance sans chercher à l'excuser, la vérité sans détourner les yeux ?

Mais nous, nous sommes éblouis par ceux qui se font justice eux-mêmes, nous nous arrogeons la première place, nous décrétons que le racisme est la volonté de Dieu et que le sexisme est conforme à la nature. Abraham Lincoln faisait remarquer à ceux qui priaient pour que le Nord remporte la Guerre civile qu'il importait peu que Dieu fût de notre côté car ce qui importe vraiment, c'est simplement de savoir si, oui ou non, nous sommes du côté de Dieu. Voilà une attitude psalmique, très éloignée du messianisme américain de notre époque. Nous pouvons envahir un pays, déplacer sa population, manipuler son gouvernement au nom de notre justice à nous. Nous pouvons ignorer les principes de notre Constitution dès que nous ne sommes plus en territoire américain, a statué la Cour suprême. Nous pouvons apparemment usurper, exploiter et saboter en invoquant notre sorte de justice et de vérité tant que cela sert les intérêts des États-Unis, peu importe les blessés, les oubliés, les éliminés, et nous nous regardons comme un peuple religieux, et nous traitons tous les autres de païens. Mais telle n'est pas la mentalité psalmique de Jésus pour qui il vaut la peine de sauver les Samaritains, de ressusciter les femmes et d'obéir aux Romains.

« Rends-moi justice, Seigneur, j'ai marché sans faillir. Je te fais confiance. Je ne faiblirai pas », disait Jésus avec le Psaume 26. La confiance devient en effet la pierre angulaire d'un Jésus qui n'était pas accueilli par ceux à qui il était envoyé, qui était rejeté par ceux qu'il avait guéris et qui restait incompris par ceux à qui il s'était révélé.

La confiance devint ce qui l'animait et ce qui fondait son assurance face à la confusion, à l'échec et à l'indifférence. C'est la confiance que nous aussi, nous devons apprendre pour donner une orientation à nos vies et pour acquérir la constance au milieu de l'usure et de la fatigue. Comment continuer à militer dans le mouvement pacifiste ou pour le combat des femmes ou sur les enjeux de justice sans espérer qu'un jour des cœurs meilleurs que ceux qui dirigent les systèmes, qui rédigent les lois et qui partagent les richesses aujourd'hui finiront par s'imposer? Le Jésus qui a marché dans l'espérance jusqu'au Calvaire est celui qui nous invite à espérer, nous aussi. Mais la confiance ne devient une vertu que pour qui aurait de bonnes raisons de désespérer. Ce peuple psalmique qui a connu l'esclavage, l'exil, le siège et la destruction de sa ville a enseigné au monde l'espérance. Et Jésus en est le signe le plus clair.

C'est que l'esprit de Jésus a été formé tout autrement que le nôtre. Les psaumes, c'est évident, font éclater les frontières du catéchisme, le provincialisme national et l'étroitesse des bigots.

«Que ceux et celles qui espèrent en toi ne connaissent pas la honte à cause de moi, Dieu des armées», disait Jésus en récitant le Psaume 69.

«Que ceux et celles qui espèrent en toi ne soient pas affligés à cause de moi, Dieu d'Israël», a appris à dire Jésus. En d'autres mots, personne ne devrait rien voir en nous qui l'incite à douter de l'authenticité de la révélation chrétienne, de la vie de Dieu en nous. Les gens devraient découvrir en nous voyant à quoi ressemble notre Dieu. Quoi que nous fassions, nous le faisons pour signifier aux autres la présence constante d'un Christ aimant et courageux. C'est cela, être chrétienne, chrétien. C'est cela, être formé à l'école des psaumes, comme Jésus.

La solidarité, l'universalisme, la justice, la confiance et le témoignage, voilà ce que Jésus a appris dans les psaumes et ce qu'il vivait en guérissant les malades le jour du Sabbat, ce dont il a donné l'exemple en touchant le cadavre doublement impur de la jeune morte, ce dont il a témoigné en se mettant à l'écoute des pauvres et ce qu'il a osé quand il a affronté les docteurs au temple. C'est sans doute ce qui explique qu'un peuple domestiqué est aujour-d'hui moins enclin à prier les psaumes.

La prière n'a rien d'un geste magique, elle ne cherche pas à séduire Dieu, à le persuader de changer la vie en une sorte de Disneyland religieux. La prière n'a pas pour but de changer le monde ; la prière a pour but de nous changer, nous, pour que nous changions le monde.

Jésus avait appris à prier. Mais nous, l'avons-nous appris ? Voilà la question qu'il faut nous poser aujourd'hui. Nous savons nous inquiéter, nous savons supplier, nous savons fantasmer, nous savons fuir dans la prière. Mais nous ne pourrons prier que lorsque nous nous serons immergés dans la mentalité et dans la présence de Dieu, comme Jésus ; lorsque nous verrons Dieu par-tout, en chacune et en chacun ; lorsque nous saurons écouter les pauvres ; lorsque nous travaillerons comme Dieu travaillait en ce monde ; lorsque nous aurons abandonné notre colère à la colère divine ; lorsque nous en serons venus à avoir confiance, à espérer qu'un jour, d'une façon ou d'une autre, ce qui doit arriver arrivera parce que nous aurons fait notre part.

En le voyant avancer sur les routes arides et poussiéreuses de Galilée au milieu des pauvres et des paysans, on comprend com-ment les psaumes ont formé Jésus. Quand il discute des doctrines de la loi avec les docteurs de l'Église qui ont façonné à leur image les possibles manifestations de Dieu, nous voyons comment les psaumes ont formé Jésus. Quand il accorde plus d'importance et d'attention aux personnes qu'aux institutions, nous voyons comment les psaumes ont formé Jésus. Quand nous remarquons qu'il ne se laisse pas arrêter par l'appartenance confessionnelle, qu'il retrouve Dieu partout et en chacun, en chacune, nous voyons comment les psaumes ont formé Jésus.

Mais alors, qu'est-ce qui nous forme, nous ? Quand les journaux signalent que nous déportons les pauvres du pays le plus riche au monde, demandons-nous ce qui nous forme. Quand nous maxi-misons nos profits aux dépens des autres, demandons-nous ce

qui nous forme. Quand nous décrétons qu'on peut laisser disparaître certains peuples, les ignorer ou renoncer à les instruire,
demandons-nous ce qui nous forme. Quand nous ravalons notre
sainte colère pour ménager une paix cosmétique ou quand nous
attaquons pour détruire ce qui est différent de nous, demandons-
nous ce qui nous forme. Quand nous oublions l'injustice dans le
monde parce que les «justes» ne s'en soucient pas, demandons-
nous ce qui nous forme. Quand nous désespérons de la grâce de
Dieu, de sa présence ou de sa justice dévorante et ultime, demandons-nous quelles conceptions adolescentes, magiques, superfi-
cielles et imaginaires de Dieu forment notre conscience.

Jésus a exposé sans détours sa propre formation : « Je suis venu
pour qu'ils aient la vie et qu'ils l'aient en abondance. » « La grande
question spirituelle, disait le saint homme, n'est pas de savoir s'il
y a de la vie après la mort. La grande question est de savoir s'il y
a de la vie avant la mort. »

Tels sont les fruits d'une vraie formation spirituelle. Avoir la
vie et donner la vie, maintenant et en abondance. Telles sont les
idées qui ont formé Jésus et telles sont les convictions qui devront
nous former un jour, si nous voulons devenir vraiment chrétiennes et chrétiens.

CHAPITRE 12

L'égalité

U<small>N VIEUX CONTE</small> décrit admirablement le rôle des femmes dans l'Église catholique aujourd'hui.

Dans un monastère bouddhiste d'Extrême Orient, commence le récit, 20 moines et une nonne, appelée Eshrun, s'exerçaient à la méditation auprès d'un maître zen.

Eshrun était très belle et très sainte, et plusieurs moines en tombèrent secrètement amoureux. L'un d'eux alla même jusqu'à lui écrire une lettre d'amour et à solliciter un rendez-vous. Mais Eshrun ne répondit pas.

Le lendemain, le maître donnait une conférence au groupe. À la fin, Eshrun se leva et interpella celui qui lui avait écrit : « Si tu m'aimes vraiment autant que tu le dis, viens m'embrasser maintenant. »

La situation des femmes dans l'Église catholique aujourd'hui n'est pas très différente de celle d'Eshrun, semble-t-il. On présume que les femmes catholiques sont aimées, elles font l'objet d'écrits enflammés ; des prêtres et des évêques les relancent souvent en secret pour applaudir leur contribution au mouvement des femmes et mettre en doute la pratique actuelle de l'Église. Il est rare, cependant, qu'on les reconnaisse officiellement et jamais, au grand jamais, l'Église ne les embrasse formellement en public : il n'y a pas de femmes à l'autel, aucune « cardinale », aucune préfète de congrégation romaine, aucune femme qu'on escorte dans une procession liturgique, aucune directrice spirituelle dans les séminaires, aucune femme pour donner l'onction aux mourants qu'elles ont catéchisés.

Nous en sommes dans l'Église au point où on peut entendre les femmes mais pas les voir. Et c'est là le beau côté de la médaille. Car, traditionnellement, on avait plutôt tendance à ne pas les entendre. Pendant des siècles et jusqu'à notre époque, on a traité les femmes en pécheresses ou en enfants, quand on songeait à en parler. Le Code de droit canonique de 1917 ne faisait directement référence aux femmes qu'en un seul article, et c'était pour dire que « certaines personnes ont un domicile légal nécessaire : pour la femme mariée, c'est le domicile de son mari, pour le mineur celui de ses parents, pour l'aliéné celui de son tuteur » (c. 93).

Le plus souvent, les femmes étaient simplement définies comme moralement dangereuses et intellectuellement inférieures. En fait, on avertissait les hommes de les tenir à distance, non qu'on s'inquiétât de leur faiblesse masculine mais par crainte des astuces de la femme. Jean Chrysostome évoque clairement le mal inhérent à la femme dans son traité *Sur la prêtrise* :

> Il y a dans le monde de nombreuses situations qui affaiblissent la vigilance de l'âme. La première est le commerce avec les femmes, qui demandent plus d'attention du fait de leur plus grande propension au péché. Dans cette situation, le Malin peut trouver bien des façons de s'insinuer secrètement. Car l'œil de la femme touche et trouble notre âme, non seulement celui de la femme dévoyée mais même celui de la femme pudique. (VII, ch. 8)

Il ne voit aucune exception à la règle.

Le sexe tout entier est faible et volage, écrit-il. N'y a-t-il donc pour elles aucune voie de salut ? Si fait, il y en a une, répond-il. C'est le salut par les enfants. (IXe homélie sur 1 Tm 2, 15)

Sur la base d'enseignements de ce genre, normatifs et universels, on a rédigé des lois pour entraver les femmes et on a écrit des livres pour en faire de bonnes épouses et de bonnes mères, seul domaine qu'on reconnaissait leur convenir naturellement. La maternité, et la maternité seule, devint leur rôle, non qu'on ait vu dans la maternité la contribution nécessairement admirable et spirituellement créatrice de la femme à la croissance de l'humanité mais parce qu'on jugeait les femmes trop mauvaises pour pouvoir faire autre chose, trop entièrement charnelles dans un monde où l'esprit et la chair étaient engagés dans un âpre conflit.

Par conséquent, on a repoussé les femmes à l'extérieur du sanctuaire, en dehors des écoles et loin de la place publique. Tout cela au nom de Dieu. Pendant des siècles et des siècles.

Il faut admettre que les choses ne vont pas aussi mal aujourd'hui qu'au temps de ma grand-mère. Mais il faut aussi reconnaître qu'elles ne vont pas non plus aussi bien qu'elles devraient.

De mon vivant, en fait pendant les 50 dernières années, se sont produits des changements d'une importance capitale, mais voilés par un enrobage insignifiant. Ainsi, les femmes et les hommes peuvent maintenant faire partie de la chorale paroissiale, fonction réservée autrefois aux hommes et aux jeunes garçons à la voix de soprano.

On a abandonné la cérémonie des relevailles, qui réadmettait la femme à l'église après son accouchement, un peu à la manière du rite judaïque de la purification, dissipant ainsi l'impression de mise au ban qui s'attachait au seul rôle reconnu aux femmes par les hommes, celui de mettre les enfants au monde.

Les femmes peuvent finalement proclamer l'Écriture depuis le sanctuaire, signe s'il en est que l'Écriture est aussi pour les femmes.

Les femmes peuvent toucher les vases sacrés, privilège autrefois accordé au servant de messe de 12 ans mais pas à sa mère.

Et dans la foulée de ces changements, il y a au moins quelques femmes chancelières, doyennes de faculté, conseillères d'offices diocésains, administratrices de paroisse ou juges au tribunal ecclésiastique.

De plus en plus de paroisses favorisent même la présence de femmes acolytes à l'autel et acceptent aux grandes occasions d'entendre des femmes homélistes — dont plusieurs ont d'ailleurs une meilleure formation théologique que le curé de paroisse moyen. Certaines vont même jusqu'à changer le langage masculin des hymnes liturgiques, qui claironnent le « salut des hommes » à toutes les femmes du monde en leur laissant le soin de décider si le mot, cette fois, les inclut.

Les évêques eux-mêmes, en fait, ont demandé l'élimination du langage sexiste dans la proclamation de l'Écriture de manière à reconnaître que l'Alliance concerne aussi les femmes. Nous parlons maintenant des « fils et filles » et non plus seulement des « fils » de Dieu. Oui, il y a eu des gains. Des gains importants.

Les femmes reçoivent désormais des diplômes en théologie, domaine réservé aux clercs mâles jusqu'à la fin des années quarante étant donné qu'il s'agissait d'une discipline sacrée et donc fermée aux femmes.

Les évêques ont écrit un document, encore inédit il est vrai mais néanmoins rédigé, qui reconnaît finalement, après que des millions de femmes ont enduré « la volonté de Dieu pour elles » — qui déclare même — que le sexisme est un péché et qu'il est immoral de battre son épouse.

N'en doutez pas, il y a eu du progrès : les mentalités ont changé, les attitudes évoluent, certains comportements ont été corrigés, les attentes sont grandes. L'impensable, l'idée que les femmes soient des êtres humains à part entière avec tout ce qui s'ensuit sur le plan théologique et au niveau social, devient apparemment pensable.

Nier le progrès accompli à notre époque n'est pas seulement injuste, ce serait nier jusqu'à la possibilité du progrès. Si nous oublions le chemin parcouru, il pourrait nous devenir impossible de continuer de fournir l'énergie nécessaire pour arriver là où nous allons.

Il est donc extrêmement important, je pense, de rappeler à haute voix et constamment qu'à un certain moment, et jusque dans la présente génération, nous avons cru et nous avons accepté passivement l'idée que la musique sacrée, tenue pour un acte liturgique, devait être réservée aux clercs et à leurs substituts masculins, et qu'il était liturgiquement impossible, sacramentellement inadéquat, que des femmes chantent à l'église.

Il convient de se rappeler qu'il n'y a pas si longtemps, nous acceptions tranquillement l'idée qu'aucune femme, sauf bien sûr une sacristine armée d'une serpillière, n'était admise dans le sanctuaire parce que le sanctuaire de Dieu était un domaine masculin où Dieu ne voulait pas voir de femmes, à moins qu'elles n'y viennent comme servantes, bien entendu.

Il est utile de se rappeler que même si, voilà à peine 50 ans, les femmes ne pouvaient recevoir de diplômes en théologie, en 2001, elles ont décroché 19 pour cent des doctorats, 40 pour cent des maîtrises et 18 pour cent des baccalauréats en théologie décernés aux États-Unis seulement.

À la lumière de tous ces changements qui vont de l'anecdotique à l'essentiel, il devient crucial de nous demander, au sujet de ce que nous acceptons passivement et que nous endurons docilement comme étant la volonté de Dieu sur les femmes, ce qui peut changer, ce qui doit changer pour que l'Église soit l'Église.

En réalité, parce que les femmes ont aujourd'hui des droits qu'elles n'avaient pas autrefois, il est plus facile d'affirmer et de comprendre qu'elles devraient les avoir tous. Quand l'immuable a commencé à changer, l'Église et le monde ont pu effectivement évoluer sans pour autant disparaître, comme certains l'avaient craint, et bien des gens ont bénéficié de leur transformation, des hommes aussi bien que des femmes.

Maintenant qu'on attend des femmes qu'elles soient des adultes autonomes, les hommes sont désormais libérés du poids d'avoir à jouer le rôle de Dieu : devoir être omniscients et tout-puissants quand on sent ses limites et ses faiblesses peut conduire à la tyrannie ou à la dépression. Admises dans le monde adulte, les femmes ont une meilleure estime d'elles-mêmes et sont moins sujettes aux maladies mentales parce qu'elles sont finalement autorisées à s'épanouir et encouragées à participer aux dimensions publiques de la vie. Avec l'éducation des femmes, la religion est maintenant enseignée par des personnes nourries de théologie autant que de piété. La présence normale des femmes dans les conseils de pastorale et les commissions ecclésiastiques permet à une tout autre dimension de la vie spirituelle et sociale de se faire entendre au cœur des paroisses. En reconnaissant les intuitions spirituelles et la créativité théologique des femmes, on voit commencer à s'exprimer une spiritualité féminine et une théologie féministe qui formulent une critique tout en faisant appel à des construits traditionnels. Avec l'essor d'une exégèse féministe, nous avons une lecture plus riche de l'écriture et une expression liturgique plus libre. À l'heure où l'Église devient à la fois masculine et féminine — en théologie, en liturgie, en pastorale — nous voyons les prémisses d'une famille humaine célébrante.

Nous formons un peuple d'autant plus riche et cette nouvelle richesse, il faut la reconnaître, l'accueillir et la célébrer.

Mais il y a encore beaucoup de choses que les femmes n'ont toujours pas. Comme Eshrun, les femmes sont plus aimées que respectées. Les femmes sont traitées comme des cas d'exception dans l'Église, au lieu d'être la mesure de son intégrité et de son authenticité. On trouve aujourd'hui presque toujours une femme dans chaque comité ecclésiastique, dans chaque commission théologique et au sein de chaque équipe de pastorale paroissiale. Mais il est rare que les femmes y soient en nombre égal. Elles sont là pour la forme, ce qui est encore loin d'un vrai développement théologique. Le formalisme ne sert qu'une théologie de la déviance.

Le problème du formalisme, c'est qu'il parachute quelques individus au centre du système pour tenir à distance le reste de la population tout en sauvant les apparences. Le problème du formalisme, c'est que rien ne change réellement. Le système reste le même : les puissants restent au pouvoir, les exclus restent à l'extérieur, la norme reste la norme. La femme-alibi au conseil de pastorale ou au comité épiscopal a une fonction décorative : elle n'est ni essentielle ni indispensable à la vie du diocèse, de la paroisse, du projet pastoral, du débat théologique. On étale et on applaudit le nouveau visage mais la vieille théologie est toujours en vigueur. Ce sont toujours les hommes qui les bénissent, qui les confessent et les absolvent, qui les jugent et leur disent ce que Dieu attend d'elles puisque Dieu, apparemment, ne daigne pas traiter directement avec les femmes, en dépit de tant de saintes et de mystiques de l'Église et au mépris de toute la théologie mariale.

Ce sont des hommes, après tout, qui concoctent les exceptions qui permettent aux femmes-alibis de sauver les apparences. Il n'y a pas de décret, pas de norme, pas de droit à respecter. Le monde reste tranquillement le même. Ce sont des hommes qui font les lois et qui ont le pouvoir de les abroger.

Il est évident que bien d'autres choses devront changer avant que nous puissions affirmer avec certitude que Dieu a décidé de «les créer à son image» et donc de les «créer homme et femme».

Il manque des décisions importantes, faute desquelles il est peu probable que nous puissions jamais dépasser les limites de ce qui est stérile, sûr et sécuritaire quant au rôle des femmes dans l'Église. Et arriver éventuellement à ce qui est saint.

Il faut retrouver une conception spirituelle de Dieu.

Mettre sans cesse l'accent sur Dieu Père plutôt que sur Dieu en tant qu'Esprit, Vie, Essence ou Être universel impose aux femmes une limite très subtile et une forme de contrôle évidente. Si Dieu est mâle, les hommes sont naturellement plus proches de Dieu. La féminité devient l'autre, le non-divin, le résidu, l'inconnu, le profane, le surajouté. Et, bien sûr, le subordonné. Mais aller même jusqu'à suggérer que d'engendrer la vie soit une prérogative masculine, parce que Dieu est le géniteur de la vie, c'est s'associer carrément, mais de manière bien embarrassante, à une biologie dépassée. Et à une théologie encore pire. Hérétique, peut-être.

La masculinité est ainsi devenue la nouvelle idolâtrie, le veau d'or que nous adorons dans nos églises et vénérons dans nos structures sociales. Il s'ensuit que les dimensions féminines de

Dieu sont oubliées et ignorées dans un monde qui a ajusté le Dieu guerrier à son militarisme mais qui a complètement négligé le Dieu qui donne naissance, qui nous donne tout ce dont nous aurions besoin pour vivre tous et toutes, si seulement nous acceptions de le redistribuer.

Nous serons certainement ce que nous adorons. Mais nous n'adorons que la moitié de la vie réelle. Bien sûr, Dieu est un Dieu personnel. Bien sûr qu'Il est Père. Mais Dieu est beaucoup plus que cela, comme le langage de l'Église l'a toujours affirmé. La tradition a qualifié Dieu de rocher, de feu, de colombe et de lion. Il faut bien commencer à nous demander alors pourquoi nous n'avons jamais appelé Dieu mère.

Tant que notre image de Dieu restera aussi étroite, étroite sera également notre expérience de Dieu dans le monde. Et aussi notre façon de voir l'Église.

La théologie sacramentelle doit commencer à remettre ouvertement en question son incohérence et ses contradictions internes.

Si le baptême fait bien de chacune et chacun de nous des « créatures nouvelles », pourquoi n'y en a-t-il que certains parmi nous à atteindre la pleine stature de cette nouvelle condition ? Si les femmes sont vraiment égales dans l'image de Dieu, pourquoi refuse-t-on aux femmes l'accès sacramentel à Dieu sans passer par un homme ? Et comment avons-nous pu tordre la doctrine de « l'Incarnation » au point de préférer croire que Jésus s'est fait homme plutôt que de confesser que « le Verbe s'est fait chair » ?

Si les femmes sont vraiment « os de mes os, chair de ma chair », elles sont sûrement égales, ne serait-ce que du fait de l'ADN. Pourquoi insistons-nous alors sur la doctrine de la complémentarité plutôt que sur l'égalité ?

Pourquoi, en d'autres mots, disons-nous que les femmes peuvent obtenir certaines grâces mais pas toutes les grâces ? Pourquoi les femmes peuvent-elles recevoir la grâce, apparemment, mais jamais la dispenser ?

C'est que nos théologies du baptême, de l'incarnation, de la grâce, de la rédemption et de l'Eucharistie sont bancales, déchirées par un conflit interne, incohérentes. C'est que si la grâce n'est pas sexospécifique, Dieu pourrait avoir pour les femmes des plans absolument choquants auxquels les institutions des hommes n'auraient aucun droit de faire échec.

On nous demande de croire que le Dieu qui est prêt à choisir une femme pour faire de Dieu le corps et le sang du Christ ne voudra jamais qu'une femme fasse de même avec du pain.

Ce n'est pas ce que le sexisme dit des femmes, qui est péché. C'est ce que le sexisme dit de Dieu qui est faux. Le sexisme suppose réellement que Dieu est tout-puissant — sauf quand il s'agit des femmes puisque Dieu qui peut tirer de l'eau d'un rocher et rappeler les morts à la vie est absolument incapable d'opérer aussi bien à travers une femme qu'à travers un homme. N'en doutez pas, c'est Dieu que le sexisme prend en otage et, par suite, le monde.

Il faut que changent les images des femmes.

Une fois tordue l'image de Dieu et déformée l'image de la grâce, il n'y a plus qu'un pas à faire pour ruiner l'image de la femme. Elle devient corps sans cerveau, fonction sans force, enfant sans maturité, créature sans personnalité.

Nous avons défini la femme comme la « mère » mais nous n'avons pas défini l'homme comme le « père ». Nous avons qualifié la femme d'adjointe mais nous n'avons pas qualifié l'homme de partenaire. Nous avons statué que la femme est déraisonnable et l'homme raisonnable, ce qui ne manque pas d'arrogance si l'on songe à l'holocauste, au nucléaire et à la guerre technologique actuelle qui a de quoi nous confondre. Ce sont justement ces réalités-là qui scelleront peut-être le destin d'un peuple qui s'est amputé de la moitié de sa sensibilité humaine.

Le temps est venu de comprendre que nous avons besoin les uns des autres comme personnes, que nous sommes l'un pour l'autre leçon, appel et modèle, serviteur, adjoint et ami.

Le mouvement des femmes a-t-il échoué ? Pourquoi les jeunes semblent-elles s'y engager avec moins de vigueur que leurs mères et leurs grand-mères ? Avons-nous perdu notre temps ? Avons-nous fait des erreurs ? Le mouvement des femmes ne laisse-t-il derrière lui qu'une Église brisée et une société désorientée ?

J'ai consacré beaucoup de temps à réfléchir à ces questions. Et j'en suis venue à poser mes propres questions. Un jour, par exemple, j'ai fait le tour des bureaux et des cubicules de lecture de la bibliothèque d'un petit collège pour demander à d'autres femmes, jeunes et moins jeunes : « En quoi le mouvement des femmes a-t-il changé votre vie ? » Les réponses ont été pour le moins provocantes sinon étonnantes.

Les femmes plus âgées ont répondu sans hésiter. Au cours des 30 dernières années, m'a dit l'une, « l'attitude a changé à l'égard des femmes. On respecte davantage leur intelligence mais, a-t-elle ajouté, les salaires ne sont toujours pas égaux si bien qu'on peut se demander si ce respect est bien réel ».

Sa voisine un peu plus jeune, dans la force de l'âge, enchaîna : « Je n'ai plus peur de les affronter directement. Si quelque chose ne va pas, je ne reste plus sur ma réserve. Je ne parlais pas mais à force de voir d'autres femmes se tenir debout pour faire valoir leurs droits, on découvre qu'on est capable. Je suis chef de famille monoparentale. Si on ne se tient pas debout, on n'a rien. » Puis elle a baissé la voix. « Mais le mouvement des femmes est très dur pour les hommes. Nous savons maintenant que nous pouvons faire pratiquement n'importe quoi, et les hommes n'aiment pas ça. Les femmes ont changé. Elles vont prendre le pouvoir maintenant. »

L'une des commis de la bibliothèque m'a dit : « Nous ne voyons pas les enfants du même œil aujourd'hui. Mes filles me demandent : maman, pourquoi est-ce que tu ne jouais pas au hockey quand tu étais petite ? Et je ne sais pas comment leur dire que nous n'avions pas le droit. Aucune femme ne courait le marathon et si on nous laissait pratiquer des sports comme le basket-ball, on rédigeait des règlements spéciaux parce qu'on disait que nous ne pouvions pas courir d'un bout à l'autre du terrain comme les garçons. Et nous étions assez folles pour les croire », dit-elle avec dans la voix une touche d'agacement et de colère.

Au comptoir, la préposée à l'enregistrement des livres a pris un bon moment pour réfléchir. « Oui, bien des choses ont changé mais nous sommes toujours classées par stéréotypes. À certains égards, cela a joué contre nous. Les femmes doivent maintenant composer avec les nouvelles attentes, les anciens rôles et une triple charge de travail. »

« Oh oui, ma vie est très différente à cause du mouvement des femmes, m'a dit la secrétaire. Les femmes sont beaucoup plus respectées. Elles peuvent s'orienter dans différents domaines. On les prend au sérieux. Et, ajouta-t-elle en insistant, elles peuvent se tirer d'un mauvais pas. » Puis elle réfléchit un instant. « Il y a pourtant une chose, dit-elle enfin. Il est plus difficile maintenant pour une femme de rester à la maison. D'abord, la famille ne peut se le permettre. Et aujourd'hui, on ne sait plus ce que c'est que tenir maison. »

Mais ce sont les plus jeunes qui m'ont le plus donné à réfléchir. Deux étudiantes se tenaient au comptoir. « Ce que je pense du mouvement des femmes ? me dit l'une sans s'arrêter de remplir ses fiches d'enregistrement. À dire vrai, je n'y pense pratiquement jamais. Mais si vous me posez la question, je pense que les femmes sont en train d'y laisser leur féminité. En fait, elles n'en ont que pour les affaires et ne veulent pas avoir d'enfants. »

« Le mouvement des femmes ne m'a pas du tout aidée, me dit une employée derrière le comptoir du bureau. Il a fait monter les prix quand les femmes sont entrées sur le marché du travail et maintenant tout le monde doit travailler pour gagner l'argent que les hommes ont perdu quand les femmes ont pris leurs emplois. »

« Un instant, répondit l'autre étudiante. La croissance person-nelle est aussi importante pour les femmes que pour les hommes. Je sais qu'une bonne partie du message du mouvement des femmes n'a pas passé à cause du style des messagères, mais il y a quelque chose qu'on oublie. Les femmes ont toujours travaillé. Ma mère a travaillé. La différence, c'est qu'aujourd'hui j'ai des possibilités qu'elle n'a jamais eues. Et d'ailleurs, il ne faudrait pas appeler ça le "mouvement des femmes". Tout le monde y participe et tout le monde en profite. Les femmes ont aidé les hommes à grandir. C'est un mouvement humain, et il nous en faut plein.»

«Qu'arriverait-il si nous perdions le mouvement des femmes? demandai-je. — Oh! Vous ne pouvez pas revenir en arrière», me répondit la dame plus âgée, en frémissant à cette idée.

«Je serais dans mon lit en train de dormir, dit la secrétaire, et j'aurais plus d'argent.»

«Nous aurions de nouveau une société axée sur la famille et nous aurions du temps pour nos enfants, dit la première étudiante. La société s'en porterait beaucoup mieux.»

Les autres femmes dans la pièce, sauf la secrétaire qui l'approuvait de la tête, se retournèrent pour la fixer. Il y eut un moment de silence absolu puis l'étudiante ajouta, avec un ricanement et un soupir : «Mais je ne sais pas. Je m'ennuierais affreusement à la maison. On ne peut quand même pas passer sa vie dans les magasins.»

Une seule conversation avait tout fait sortir. La femme puissante, la femme respectée, la femme victime, la femme trouble-fête, la femme mère, la femme potiche, la femme personne, la femme convaincue d'être arrivée à un niveau de développement qui la rend sûre d'elle-même, autonome, libre et appréciée au point qu'elle ne pense même pas au mouvement des femmes. J'ai su tout de suite que la question était aussi fondamentale que complexe. La vérité, c'est sûrement que le mouvement des femmes a à la fois échoué et réussi et qu'il est parfois difficile de faire la part du succès et de l'échec.

Qu'est-ce que le mouvement des femmes est vraiment parvenu à réaliser?

La réponse tient en partie à ce que vous décidez de prendre pour point de départ, le mouvement des suffragettes ou la publication de *The Femine Mystique* par Betty Friedan. Si nous partons des suffragettes, il est clair que nous avons maintenant un électorat féminin dans ce qui avait été pendant 150 ans, jusqu'à l'époque de ma grand-mère, une république masculine.

Si nous partons de Betty Friedan, par contre, nous avons une situation qui est peut-être plus étonnante que l'obtention du droit de vote. Nous avons aussi un électorat féminin qui est assez fort et assez distinct pour être courtisé par les politiciens et analysé par les sondeurs. Il y a un programme politique des femmes, des candidates aux charges publiques et un caucus des femmes au Congrès des États-Unis, qui surveille, s'active, publie et fait pression pour une législation favorable aux préoccupations des femmes. Dans une culture qui avait toujours donné plus d'importance aux problèmes de General Motors, du Pentagone ou des institutions financières du pays, ce n'est pas rien d'avoir quelqu'un pour dépister le projet de loi discriminatoire à l'égard des femmes ou, pire encore peut-être, celui qui ignore complètement le problème des garderies, des coupons alimentaires ou de l'assurance santé parce que les enfants, les pauvres, les aînées n'ont pas de voix, pas d'organisme, pas le temps pour protester, pendant qu'elles s'esquintent au salaire minimum pour faire vivre les enfants des hommes qui les ont abandonnées ou qui les battent.

Le mouvement des femmes a forcé le monde universitaire à accepter sur un pied d'égalité les étudiants et les étudiantes, au lieu du système contingenté des années 1970, qui imposaient aux jeunes femmes des critères d'admission plus élevés pour un bien plus petit nombre de places. Les filles ont maintenant droit à des programmes complets d'éducation physique. Elles peuvent participer à des compétitions sportives interuniversitaires et ont des entraîneurs à temps plein et des autocars pour leurs équipes. Mais elles n'ont pas encore droit, généralement, à des reportages télévisés aux heures de grande écoute. Et les meilleures athlètes n'ont pas droit aux salaires des joueurs professionnels. Pire encore, nous savons bien que ce n'est pas le fait que les femmes travaillent qui fait problème. Les femmes ont parfaitement le droit, pendant les matches des

Au cœur du monde

hommes, de tenir les stands de nourriture pour un salaire d'esclave ou de jouer les meneuses de claque à demi nues sans aucun salaire. Mais la plupart des sports féminins ne sont encore ni aussi respectés ni aussi répandus que les sports masculins. La question qui continue de se poser, c'est évidemment pourquoi?

Il faut demander pourquoi, un peu partout à travers le monde, on nie aux femmes leurs droits constitutionnels, l'éducation, le droit de propriété et la liberté, et il faut regarder du côté de nos notions théologiques sur Dieu, la création et les hommes pour trouver une réponse.

Il faut demander pourquoi les femmes travaillent beaucoup plus que les hommes dans notre pays seulement, et regarder ce qu'enseignent nos Églises sur le rôle des femmes pour trouver une réponse.

Il faut demander pourquoi les femmes sont payées beaucoup moins que les hommes pour un travail tout aussi difficile, tout aussi important, et regarder en face ce que nos Églises disent être la volonté de Dieu sur la moitié du genre humain pour comprendre la situation sociale.

Le mouvement des femmes a beaucoup fait dans la société mais, ce qui est peut-être le plus important, c'est que le mouvement des femmes a amené la théologie de l'Église au seuil d'un nouveau développement sans lequel les structures sociales ne changeront jamais.

Dans l'encyclique *Pacem in terris*, Jean XXIII a parlé de l'évolution du rôle des femmes comme d'un «signe des temps» au même titre que l'émergence du tiers-monde et le scandale des pauvres. Et le bon pape Jean écrit aussi dans ce texte que «les personnes qui prennent conscience qu'elles ont des droits ont la responsabilité de les revendiquer».

C'est la revendication de ces droits au nom de l'image de Dieu, c'est l'élaboration d'une théologie de l'humanité qui déterminera le succès ou l'échec du mouvement des femmes. Il se peut que cela détermine du même coup l'avenir de l'Église.

Il y a un autre ancien conte qui peut nous faire mesurer l'importance du mouvement des femmes pour notre vie spirituelle à toutes et à tous. On raconte qu'un jour, un saint homme qui vivait en ermite dans la montagne se fit poser la question par un de ses disciples : « Saint homme, qu'est-ce que la Voie ? »

« Comme la montagne est belle, répondit le saint homme. — Je ne parle pas de la montagne, répliqua le disciple. Je parle de la Voie. »

Et le saint homme répondit : « Tant que tu ne pourras pas franchir la montagne, mon ami, tu ne pourras pas atteindre la Voie. »

Le mouvement des femmes met en cause les questions les plus importantes dans la vie. Il nous oblige à regarder en face, à considérer et à apprivoiser la nature des relations humaines, la nature de l'humanité et la nature de Dieu. Il n'y a pas de vraie sainteté sans cela.

Les conséquences sont évidentes : si nous ne franchissons pas cette montagne-là, nous n'atteindrons pas la Voie.

Le temps est venu de comprendre que parce que nous n'avons pas su voir les femmes comme des personnes, pleines de grâce, faites à l'image de Dieu, nous avons un monde gouverné par une moitié de cœur humain, compris par une moitié de raison humaine et qui n'arrive qu'à la moitié de la stature de l'âme humaine. Nous sommes un peuple handicapé et une Église handicapée.

Nous nous sommes pas mal tirés d'affaire compte tenu de notre état, mais nous ne sommes pas bien, nous ne sommes pas pleinement nous-mêmes, nous ne sommes pas encore complètement humains.

En fait, nous aussi, nous sommes tombés amoureux d'Eshrun mais nous n'avons pas su l'embrasser en public. Et cela se voit. Dans l'Église comme dans l'État.

De toute évidence, nous ne voyons pas la montagne.

CHAPITRE 13

Le ministère

À CE MOMENT-CI DE L'HISTOIRE, le ministère doit se distinguer du simple service professionnel. À ce moment-ci de l'histoire, pour que notre ministère soit réel, efficace, évangélique, authentique, il doit s'exercer auprès d'un monde blessé.

Deux récits nous indiquent la voie. Le premier vient des soufis. Il était une fois un aspirant qui errait d'un pays à l'autre à la recherche d'une religion authentique. Il tombe finalement sur un groupe de disciples à la réputation extraordinaire. Ils sont reconnus pour mener une vie exemplaire, pour aimer sans partage et servir avec sincérité. « Je vois bien tout cela, de dire l'aspirant, et j'en suis impressionné. Mais avant de me mettre à votre école, j'ai une question à poser : votre Dieu fait-il des miracles ? — Tout dépend de ce que vous appelez miracle, lui répondent les disciples. Il y a des gens qui parlent de miracle quand Dieu fait leur volonté. Nous parlons de miracle quand les gens font la volonté de Dieu. » L'engagement apostolique semble consister autant à faire advenir le règne de Dieu qu'à bien faire les choses.

La sagesse des anciens reste toujours aussi lumineuse : si nous voulons servir les blessés de ce monde, si nous voulons vraiment faire quelque chose d'important en ce monde, quelque chose qui ait du sens, il va falloir nous efforcer d'apprécier la vie avant la mort et faire nous-mêmes quelques miracles. Il est facile de décrocher un emploi ou d'établir un plan de carrière. Il ne manque pas de services bureaucratiques mais ce dont nous avons vraiment besoin, c'est de ministres.

Comment déterminer la façon de servir les minorités marginalisées, la paroissienne déçue, le détenu aliéné, le vieillard déprimé, la femme invisible, le gai et la lesbienne abandonnés, le travailleur déplacé, le réfugié désespéré, l'enfant négligé... en allant au-delà de la bonne parole, du sourire chaleureux, de l'appel attentionné, du coup de main pastoral ?

Que pouvons-nous faire à notre époque pour dépasser la mentalité du « Rentrez tranquillement chez vous ! Mettez-vous au chaud et mangez à votre faim ! » que dénonce l'Écriture dans la lettre de Jacques (2,16) et que les blessés ont appris à ignorer ? Comment exercer le ministère, en d'autres mots, d'une manière qui change la vie des gens et qui transforme leur environnement ? Et comment exercer le ministère d'une manière qui change notre propre vie dans ce vaste monde étouffant pour passer de l'épuisement routinier à la constance surnaturelle de l'Évangile ?

On trouvera peut-être la réponse dans un second récit, tiré cette fois des écritures chrétiennes, où on a souvent cherché une lueur de gloire ou, pire encore, un exemple de retrait contemplatif du monde qui nous entoure ; mais je crois qu'il nous révèle plutôt la spiritualité du quotidien, qu'il nous appelle à prendre courage et qu'il illustre le genre de ministère qui vient changer les choses pour les pauvres et les marginaux, au lieu de les entretenir. C'est le récit de la Transfiguration. Le récit de la Transfiguration nous fait cheminer vers le ministère avec tous ses malentendus, ses incompréhensions et ses erreurs, et toute sa puissance transformatrice.

Le mont Tabor, site de la Transfiguration, est l'un de ces endroits qui ne conduisent nulle part. Il est escarpé, sauvage et difficile à escalader.

Le sentier qui mène à son sommet a été creusé dans le roc, à la main. Il est étroit, dangereux, interminable. Et une fois au sommet, sauf pour le spectacle de la vaste plaine de Jezréel qui s'étend à ses pieds, il n'y a rien. C'est un endroit écarté qui a tout d'une impasse — impasse spectaculaire peut-être mais impasse tout de même. Et c'est au Tabor que Jésus conduit Pierre, Jacques et Jean. Si nous voulons comprendre exactement ce qu'est le ministère, il n'y a qu'à regarder Pierre, Jacques et Jean sur le Tabor.

Pierre, Jacques et Jean pensaient avoir été appelés à monter sur la montagne pour être seuls avec Jésus. Ils ont « quitté le monde » de la vallée, dit l'Écriture, pour aller « à l'écart », disposés apparemment à suivre Jésus et à trouver Dieu.

Dans les anciennes spiritualités, et notamment dans le judaïsme, les montagnes sont des lieux de contact avec Dieu car ce sont des endroits où la terre et le ciel se touchent. Monter « au sommet d'une haute montagne » — l'expression revient huit fois dans les Écritures judéo-chrétiennes — c'est donc toujours rechercher une relation privilégiée avec Dieu.

Lors de cette expédition sur cette montagne particulière, ils forment un groupe très sélect : il n'y a personne d'autre avec eux et, de fait, ils ont Jésus pour eux seuls. Et effectivement, l'Écriture note qu'il s'est passé là quelque chose d'étrange et de merveilleux.

Au sommet de cette montagne reculée, Pierre, Jacques et Jean découvrent Jésus sous un jour nouveau. Là-haut, entre eux, ils commencent à voir Jésus autrement. Or il est beaucoup plus que tout ce qu'ils ont pu imaginer : éclatant comme le soleil — il est intense, à la fois dévoré et dévorant. L'idée les dépasse. Idée aussi enivrante que profondément troublante.

Là, au sommet de la montagne, sous leurs yeux, nous dit l'Écriture, Jésus est transfiguré : brillant comme le soleil, il converse avec Moïse et Élie… Moïse et Élie !

Et voici l'élément du récit qui devrait transformer notre engagement apostolique. Si nous voyons vraiment dans le service des blessés de l'existence notre devoir à ce moment-ci de l'histoire, il y a quatre choses qu'il faut bien comprendre à propos de cet évangile.

Premièrement, Pierre, lui, choisit la piété. «Jésus, il est heureux que nous soyons ici», dit-il. Après tout, Pierre sait apprécier les bonnes choses. Il a envie de s'installer. «Dressons trois tentes.»

Au moment précis où il reçoit sa révélation la plus profonde et son appel le plus clair, Pierre décide que la vie spirituelle a quelque chose à voir avec les temples à construire, le bureau à agrandir, la récitation des bonnes prières ou la bonne façon de réciter les prières et l'éloignement du vulgaire. Après tout, la compagnie est choisie, la fonction est confortable et le cadre n'est rien moins qu'exclusif.

En fait, s'il y a une tentation dans le ministère chrétien, c'est probablement celle de jouer à l'église, de faire dans la religion, de réciter le credo sans ressentir la moindre impulsion morale à l'inscrire dans la chair et le sang. Et c'est ici que se trouve la deuxième dimension importante de ce récit: le cri presque cacophonique qui retentit dans ce passage dès que Pierre décide de devenir un ecclésiastique bureaucrate, un mystique à la petite semaine, un superviseur. L'Écriture fait voler l'idée en éclats. «Il parlait encore, observe l'Écriture, quand la voix de Dieu déclare: "Celui-ci est mon fils… écoutez!"» Et alors, continue le passage, Jésus leur impose les mains et leur dit: «Relevez-vous. Et n'ayez pas peur.»

Puis, dans la troisième scène de ce récit, lentement mais sûrement, Jésus commence à les guider le long des arêtes et des falaises, sur le chemin rocailleux, vers le bas de la montagne jusqu'au fond de la vallée: dans les villages sales parmi les gens qui souffrent, les responsables qui ne croient pas et les institutions stagnantes, auprès des malades et des rejetés, des abandonnés et des contagieux qui les attendent pour être guéris. Et ils ont parfaitement le droit d'attendre — car Jésus ne se montre pas à Pierre, Jacques et Jean avec David, le roi, ou avec Aaron, le prêtre.

Jésus ne se montre pas aux disciples avec ceux qui ont interprété la loi ou défini le culte — Jésus n'annonce pas une œuvre royale ou rituelle. Non! Jésus s'identifie sur le Tabor à Moïse et à Élie.

Moïse qui a guidé le peuple vers la libération et Élie que le roi Achab appelait « ce trublion d'Israël », celui qui condamnait toute forme de compromis entre vrai et faux dieux, autrement dit, celui qui dévoilait au peuple les causes profondes de ses problèmes.

Jésus, le ministre, ne s'identifie pas aux rois et aux prêtres d'Israël qui ont préservé leurs privilèges et développé ses institutions, si bonnes fussent-elles. Non, Jésus, celui qui guérit, s'identifie aux prophètes envoyés pour avertir Israël de son abominable trahison de l'alliance. Je suis certaine qu'il n'y a pas un ministre vivant aujourd'hui qui ne comprenne la douleur et la force de cet évangile. Car cet évangile formule la leçon fondamentale du ministère : si le ministère doit avoir le moindre sens pour aujourd'hui, chaque ministre devra, lui aussi, elle aussi, se mêler à ces foules souffrantes dans toutes les vallées de notre monde, écouter, écouter, écouter le prophète-thaumaturge Jésus et dévoiler aux gens les causes profondes des blessures de ce monde. Et tout cela en face de ces types acquis à l'institution qui jugent bien trop souvent plus important de sauver le système que de sauver les gens.

Bien sûr, l'appel au ministère chrétien suppose une longue expédition vers le sommet de la montagne à la rencontre de Dieu. Mais l'appel au ministère signifie aussi que nous ne pouvons pas nous contenter de nous construire une vie spirituelle en comptant rester au sommet de nos petites montagnes pieuses et aseptisées. L'appel à la vie spirituelle, l'appel au ministère est donc un appel à accueillir toutes les intuitions que nous avons reçues sur la vie du Christ pour les faire descendre de nos petites montagnes personnelles vers le monde haletant et gémissant de notre temps. L'appel au ministère aujourd'hui est l'appel à prendre conscience des causes profondes de la souffrance de ce monde et à faire quelques miracles de notre cru.

Jour après jour, nous travaillons avec des femmes pauvres, des femmes battues et des femmes sous-alimentées — et nous le faisons bien. Mais comment pouvons-nous dire que nous sommes au service des femmes sans rien faire, sans rien dire quand elles reçoivent de 25 à 33 pour cent moins que les hommes pour le même travail et que, malgré tous les mythes au sujet du « progrès », sur les 500 présidents des 500 grandes sociétés identifiées par le magazine *Fortune*, il n'y a qu'une poignée de femmes ; et sur leurs quelque 2000 hauts dirigeants, il n'y a pas plus d'une centaine de femmes car les femmes sont rarement promues à la haute direction.

Comment prétendre travailler au service des femmes sans rien dire du fait qu'un homme marié peut être ordonné diacre mais qu'une femme mariée ne le peut pas, malgré 14 siècles de diaconesses à l'encontre de tous les arguments théologiques, historiques ou biologiques qu'on puisse invoquer ! Comment exercer le ministère auprès des femmes et accepter qu'on ait pu appeler Dieu rocher, arbre, clé, vent, porte et colombe pendant des siècles de litanies sans causer la perte de l'Église mais qu'on ne puisse jamais, au grand jamais, donner le nom de mère à Dieu, l'être sans fin et le sein éternel.

Comment penser exercer le ministère auprès des femmes en les effaçant de la grammaire de l'Église ; et comment oser leur dire qu'elles n'ont pas le droit de penser que le Dieu qui les a faites, elles aussi, « à l'image de Dieu » puisse avoir sur elles des desseins choquants dans l'économie du salut ? Comment ignorer toutes ces choses et penser que le changement puisse advenir pour les femmes sans que nous n'intervenions en faveur du changement dans l'État comme dans l'Église ?

Jour après jour, nous servons celles et ceux qui ont faim, qui se retrouvent en chômage et en dépression — et nous le faisons très bien. Mais comment dire que nous servons vraiment les pauvres si nous ne remettons jamais en question le fait que dans notre pays on dépense plus d'argent en armes qu'on n'en accorde aux programmes de développement humain et qu'on fasse campagne en claironnant pareille politique ?

Comment pouvons-nous prétendre faire assez pour les sans-abri, pour les pauvres, pour les non-instruits, pour les malades et pour les personnes psychologiquement brisées sans rien faire, sans rien dire pour réformer une économie militaire qui consume une plus grande part de nos ressources que ce que réserve à son armée aucun autre pays du monde, et qui gruge notre système social, endort notre conscience, accapare nos scientifiques et dévore le cœur même de la nation, avec son penchant pour la violence ?

À force d'écoute, d'attention et de planification, nous servons les familles blessées — et nous le faisons très bien. Mais comment voir des familles sur le point de s'effondrer à cause de leur situation financière sans dénoncer le déséquilibre de notre budget national ou l'exode de nos usines vers le sud global avec ses travailleurs réduits en esclavage industriel, ou la tragédie des six millions de travailleurs pauvres de notre pays, qui cumulent deux emplois pour moins d'un salaire à temps plein, ou qui travaillent à temps plein pour un salaire à temps partiel et sans avantages sociaux, et penser que nous faisons tout ce que nous pouvons pour les familles blessées que nous voyons ? Comment nous dire au service des pauvres sans dire un mot de l'assistance sociale accordée aux riches sous le nom d'«allégements fiscaux» et d'«incitatifs à l'entreprise» alors que les gens osent critiquer l'aide sociale aux pauvres sous le nom de coupons alimentaires et d'assurance-santé universelle ?

Nous exerçons le ministère chaleureusement et de manière attentionnée auprès des toxicomanes, des déshérités et des non-instruits qui se retrouvent en prison — et nous le faisons très bien. Mais comment prétendre servir les prisonniers sans rien faire pour réformer le système pénitentiaire à l'heure où les pénitenciers sont devenus une industrie en croissance dans plusieurs régions d'un pays où les écoles se détériorent ? Comment prétendre que nous nous inquiétons des prisonniers sans rien faire pour combattre le fléau de la peine capitale dont nous savons, par les tests d'ADN, qu'elle tue en moyenne un innocent pour six coupables ?

Nous exerçons le ministère auprès des personnes traumatisées, de celles qui ont le mal du pays et qui souffrent de la peur dans nos forces armées, par une présence affectueuse et avec une attention de proches parents — et nous le faisons très bien. Mais comment servir les hommes et les femmes dans les forces armées — leur dire que nous nous inquiétons d'eux et que l'amour est le seul impératif chrétien — sans jamais affirmer l'immoralité de la guerre nucléaire ou de la guerre préventive ou de la guerre biologique ou des politiques et des mentalités nucléaires qui rendent possible la menace nucléaire ? Comment faire peser la question de la moralité du nucléaire et le fardeau de l'objection de conscience et l'enjeu de la préservation de la planète sur les épaules de grands adolescents qui n'ont pas encore l'âge de prendre une consommation dans 37 des États de l'Union ?

Nous exerçons le ministère auprès des révoltés, des déprimés et des désespérés avec constance et sous le signe de l'espérance chrétienne — et nous le faisons très bien. Mais comment porter le titre de ministres sans jamais parler de l'absence de lois pour contrôler les armes à feu dans un pays où le sang de nos enfants coule dans les rues parce que nous leur avons trop bien enseigné la violence ?

Nous défendons la vie et le développement humain en nous tenant avec les gens qui souffrent — et nous le faisons très bien. Mais comment pouvons-nous pleurer sans cesse sur l'avortement — si important, si pressant que soit le problème — comme s'il s'agissait d'un enjeu isolé, sans rien dire des responsabilités parentales des hommes, de l'égalité des femmes, du manque de garderies, de la perte de logements subventionnés, de l'absence de programmes alimentaires pour les enfants ou de la destruction planifiée de la planète qui s'attaque lentement mais inexorablement à la vie humaine dès la naissance ? Et qui d'entre nous aura exercé le ministère sur ces questions ? Et chez lesquels d'entre nous ceux et celles qui se tiennent au pied de la montagne auront-ils aperçu une transfiguration d'un autre ordre ?

La transfiguration ne porte pas seulement sur ce qui se passe au sommet de la montagne, même si pour exercer le ministère il faut en faire l'ascension, ne serait-ce que pour voir par nous-mêmes, pour devenir ce que nous pouvons devenir et pour apercevoir le peuple dans la vallée à travers les yeux de Moïse, d'Élie et de Jésus.

Les services se paient et bien des gens y mettent le prix. Mais le ministère, le vrai ministère, n'a pas de prix, et ne peut être accompli qu'au nom de Jésus, pas au nom d'une carrière ou pour une promotion. Le service peut s'enseigner. Le ministère est la marque d'Élie, qui a résisté au gouvernement pour révéler le vrai Dieu, celle de Moïse qui a résisté au peuple pour révéler la loi de Dieu, et celle de Jésus, le prophète qui guérit, le prophète-thaumaturge, qui exigeait de ses disciples beaucoup plus que leur foi personnelle. Jésus exigeait d'eux qu'ils s'engagent à faire advenir le règne de Dieu, ici, maintenant.

De fait, le problème du récit de la Transfiguration, c'est qu'il est en deux volets — il y a d'abord le sommet de la montagne mais la suite, dans le même chapitre, dans les lignes qui suivent, a lieu en bas dans la plaine. Et c'est cette seconde partie qui, pour nous comme pour les apôtres, est la vraie mesure du ministère.

Lorsque Jésus et ses disciples redescendent du Mont de la Transfiguration, des foules de personnes souffrantes attendent Jésus en bas. Et l'Écriture dit clairement pourquoi. « J'ai amené mon fils parce qu'un démon s'en empare… J'ai demandé à tes disciples de chasser ce démon mais ils n'ont pas pu. » Et les disciples, ajoute l'Écriture, de demander à Jésus en privé : comment se fait-il que nous n'ayons pas pu expulser ce démon ? Et Jésus leur répond : c'est le genre de démon que seule la prière arrive à chasser.

Le genre que seules arrivent à chasser l'intuition, la vision, la contemplation et la compassion qui en est le fruit, et pas simplement la technique, pas les bonnes manières organisationnelles, le droit canonique et le cléricalisme. Le genre que seule la prière arrive à chasser — le fait « de revêtir l'esprit du Christ », et non l'accumulation des titres, des fonctions, des uniformes, des charges ou de l'argent. Le genre que seuls arrivent à chasser la clairvoyance de l'âme, le risque, le courage, l'attention qui sait dépasser les coûts, le cœur attaché aux causes plus qu'aux symptômes. Le genre que seul arrive à chasser l'esprit de Moïse et d'Élie, eux qu'expulsaient les rois, que méprisaient professionnels et que craignaient les temples, mais vers qui se tournaient les gens pour avoir la vérité.

Et c'est bien le problème aujourd'hui, le défi pour le ministère en ce moment : ici, au pied de la montagne, les gens regardent vers nous maintenant : à nous d'être vision, d'être vérité, de chasser les démons.

Nous vivons aujourd'hui au sein d'une culture de l'information. L'Internet grossit de 17 pages à la seconde et le monde a engendré plus de données au cours des 30 dernières années que pendant les 5 siècles qui les ont précédées. Et le changement se fait aussi rapidement que les systèmes de communication arrivent à le transmettre. Mais voilà la question : qui va évaluer les changements, critiquer les conséquences de chacun d'eux sur l'esprit humain, sinon les personnes qui exercent le ministère auprès des esprits qu'ils ont brisés ?

Nous vivons dans une culture hautement technologique qui a désespérément besoin de compenser le caractère impersonnel de la technologie par une redécouverte des valeurs humaines. Mais qui va réveiller un monde au seuil de la mort par autodestruction technologique en lui faisant entendre le cri de la communauté humaine, sinon vous et moi ?

Nous vivons dans une culture où l'industrie relocalise rapidement dans le sud ses emplois high-tech et ses ateliers de misère mais pas ses assurances médicales, ses régimes de retraite, son code du travail. Mais qui appellera à jeter des ponts entre nos différences culturelles au lieu d'ériger des clôtures le long de nos frontières pour qu'en aidant les autres à se développer nous nous développions aussi nous-mêmes ?

Nous vivons dans un monde où l'avantage à court terme doit céder le pas à la planification et au souci des conséquences à long terme, avant que la pollution, les profits trimestriels et la dette internationale ne nous fassent oublier la population de la planète. Les États-Unis ont remis la dette bilatérale des pays les plus lourdement endettés et pourraient facilement remettre la dette des pays endettés à revenu moyen avec une fraction de ce qu'ils comptent dépenser pour un bouclier nucléaire. Mais qui va appeler le monde à se soucier des retombées du profit, de la pollution et de la dette internationale sinon ceux et celles d'entre nous qui exerçons déjà le ministère auprès des personnes déplacées et dépossédées ?

La participation est à l'ordre du jour. Chaque groupe, chaque peuple, chaque endroit, quelle que soit sa taille — Kurdes, Tutsis, Timoréens, femmes — veut être partie prenante à la prise des décisions qui affectent sa vie. Mais qui aidera les gens qui se trouvent dans cette situation à se prendre en mains sinon ceux et celles qui disent avoir pour objectif d'exercer le ministère auprès des personnes dans le besoin, et pas seulement de préserver le statu quo ?

Nous vivons dans un monde où l'information renverse les vieilles pyramides du pouvoir héréditaire. Les institutions et les hiérarchies ont échoué à résoudre les problèmes de la société, et les gens commencent à se redresser ensemble — dans le mouvement des femmes et dans le mouvement pour la paix, dans les mouvements identitaires et dans la campagne pour sauver les baleines — pour faire eux-mêmes le travail. Mais qui aidera les gens au pied de la montagne à appliquer la lumière transfigurante du Christ aux points sombres de la vie, là où la souffrance attend que les démons soient expulsés, sinon ceux et celles qui, cette fois, exercent le ministère jour et nuit, nuit et jour, auprès de ceux que ces systèmes ont réduits à l'impuissance ?

Nous vivons dans un monde où en se déplaçant le centre économique laisse dans son sillage tout un nouveau monde de pauvreté, de chômage et de services publics sous-financés, qui engendre la criminalité, l'indigence, l'ignorance, la malnutrition, le sous-développement et la colère révolutionnaire. Et une nouvelle mesquinerie politique, encore plus habile à exercer le contrôle. Mais qui prendra soin des laissés-pour-compte? Qui entreprendra de réformer le système sinon ceux et celles qui soignent en première ligne les blessures qu'il cause?

Nous exerçons bien le ministère en paroisse mais nous devons maintenant transformer les paroisses pour que ces îlots de rituel deviennent des arènes de participation politique. Nous exerçons bien le ministère dans les prisons mais nous devons transformer les prisons pour que ces lieux destinés à punir permettent désormais aux détenus de trouver une nouvelle dignité.

Nous exerçons bien le ministère auprès des femmes abandonnées, mais nous devons maintenant permettre aux femmes d'accéder à la plénitude de l'humanité, au cœur de la vie évangélique et non seulement à une foi conquise de haute lutte et au prix de longues souffrances.

Nous exerçons bien le ministère au chevet des patients mais nous devons maintenant apporter aux malades et aux mourants, en plus de la chaleur de notre présence, l'espoir que les soins à leur prodiguer sont une priorité pour notre pays et notre budget national.

Nous devons être pour les pauvres non seulement un comptoir mais une voix qui parle en leur nom là où les pauvres ne sont pas entendus, là où on n'a pas conscience de leur souffrance. Si nous voulons vraiment exercer le ministère, c'est à nous d'être d'abord transformés pour devenir de véritables agents de transfiguration. Nous ne devons pas seulement être sensibles à la souffrance mais savoir pourquoi la douleur sévit. Et nous devons alors non seulement réconforter ou soigner mais agir sur les causes autant que sur les symptômes.

Voilà ce qu'il faut avoir en tête si nous voulons être authentiques. Et si nous voulons vraiment exercer le ministère pour un monde blessé, voilà les miracles que nous devons commencer à opérer. Et si d'autres prétendent que ce n'est pas là notre rôle, rappelons-nous que Jésus est apparu avec Élie, le fauteur de trouble, et Moïse, le libérateur. Et quand nous serons tentés de croire que nous sommes déjà trop occupés à faire trop de bonnes choses là où il nous faudrait en faire plus, rappelons-nous Jésus happé par la foule au pied de la montagne.

Pour être ministres à notre époque, il faut pratiquer une charité à base de justice, répandre une charité en quête de justice.

Ce n'est pas de la charité, ce n'est pas de l'amour que de panser les plaies causées par le système sans rien faire pour changer le système qui porte les coups. Notre ministère consiste à continuer le travail de Jésus le Thaumaturge sans négliger celui de Jésus le Prophète. Notre ministère doit être non seulement de réconforter mais de contester l'État, la collectivité et l'Église — et non seulement de traiter la douleur mais de plaider pour le changement, d'être non seulement une vision mais une voix, non seulement de soigner les victimes du monde mais aussi de changer les institutions qui en font des victimes. « Si notre sainteté avait été plus grande, nous dit l'essayiste Templeton, nous aurions été plus souvent en colère. »

Voici comment les moines du désert racontent l'histoire du ministère : devant un aspirant installé sur son tapis de prière passent les infirmes, les mendiants et les victimes. En les apercevant, l'aspirant se prosterne de plus en plus, se plonge dans une prière de plus en plus profonde et lance un cri vers Dieu : « Grand Dieu ! Si Tu es le Dieu tout-puissant, comment se fait-il qu'un créateur aimant puisse voir des choses pareilles sans rien faire pour y remédier ? » Et après un long, un très long silence, la voix de Dieu se fait entendre : « J'ai fait quelque chose pour y remédier. Je t'ai fait, toi. »

Qu'est-ce que cela signifie que d'exercer le ministère aujourd'hui, au début d'un nouveau siècle, près d'un nouveau sommet, au seuil d'un nouveau millénaire, d'un nouvel âge de l'histoire ? Cela signifie : prise de conscience, authenticité et transfiguration. La transfiguration de nous toutes et tous — pour le bien de leur âme, sans doute, mais tout autant pour le bien de notre âme.

Vatican II

CHAPITRE 14

La vision

L'APPEL DE VATICAN II est-il encore actuel? Nos réflexions peuvent s'inscrire dans le cadre d'un récit tiré du Livre des Rois: «[...] en ce temps-là, Dieu appela Samuel [...]» Mais Samuel ne savait pas encore reconnaître la voix de Dieu. «Les visions, dit l'Écriture, étaient rares en ce temps-là», si bien que Samuel se rendit auprès du prêtre du temple: «Éli, vous m'avez appelé, me voici.» Mais Éli lui répondit: «Non, je ne t'ai pas appelé. Retourne au lit.» Finalement, quand Samuel eut été appelé à trois reprises, Éli, dont l'Écriture nous dit que la vue baissait, recommanda à Samuel de répondre: «Me voici, Seigneur.» Ce que fit Samuel, et ce que le Seigneur lui révéla, c'est qu'Éli avait fait son temps comme grand prêtre parce qu'il y avait des éléments du vieux système qu'il fallait changer, des choses que faisaient ses fils et qu'Éli n'avait pas su corriger. Que penser d'une situation aussi grave? Qu'a-t-elle à nous apprendre pour aujourd'hui?

D'abord, il faut nous rappeler qu'Éli perdait la vue. Il n'était plus en mesure de voir ce qu'il faudrait faire ensuite. En tout cas, il faut au moins reconnaître un mérite à Éli: lui qui incarnait l'institution a formé Samuel, il lui a enseigné, il lui a même appris à entendre par-delà l'institution la voix de Dieu dans sa vie. Or comprenons bien que le message de Dieu pour Samuel, c'était qu'il devrait réformer l'institution qui l'avait formé. Ce qu'Éli lui avait enseigné, il devrait s'en servir pour corriger le monde d'Éli. Plus de doute: Samuel est le saint de Vatican II.

Bella Lewitzky, née d'un peuple voyageur, a écrit un jour : « Pour pouvoir se déplacer librement, il faut avoir de profondes racines. » À coup sûr, les racines et les ailes vont ensemble. Les unes, sans les autres, ne servent à rien. Pour renouveler l'Église, il faut être fidèle à l'Église, et pour renouveler l'Église, il faut la pousser à se dépasser. Toute la question est de savoir : jusqu'où se dépasser ? Et comment ?

De quelle façon l'appel de Vatican II est-il encore actuel ? La religion elle-même est-elle encore une valeur prioritaire dans le monde d'aujourd'hui ? La religion officielle vaut-elle la peine qu'on tente de la réformer ? Au mieux, la religion offre plus qu'une série de réponses. Comme Éli, elle entretient une voie pour apprivoiser les questions qui tourmentent notre existence. Cette transition de la certitude à la foi, des réponses dans la foi aux questions dans la foi, demande du temps. C'est la transition des racines aux ailes. C'est la différence entre l'Appel à l'action de 1976 et l'Appel à l'action aujourd'hui.

L'Appel à l'action de 1976 fut une tentative pour mettre en œuvre ce qui se trouvait clairement formulé dans les documents encore tout récents de Vatican II. L'Appel à l'action d'aujourd'hui veut dégager ce qui n'est pas aussi évident dans les documents désormais anciens de Vatican II mais qui s'y trouve de manière implicite et doit prendre vie pour nous si nous voulons demeurer aussi engagés envers le développement que nous sommes fidèles à nos racines. Aussi engagés envers nos racines que nous sommes fidèles au développement.

Grâce à Vatican II, les idées ont changé, et certaines personnes en ont été effrayées. Ce changement a pu provoquer des dérives ou une résistance aveugle. Mais il a permis l'essor d'une autre Église pour laquelle le passé est le ciment nécessaire à la conception d'un avenir plus sain. L'essentiel demeurait : 1. Dieu existe. 2. L'ouverture au monde est la voie de Jésus. 3. L'Esprit Saint est présent en chacune et chacun de nous. Telles sont les constantes, ce qui ne change pas. Ce sont les racines qui nous donnent des ailes. En fait, c'est sur ces idées qu'ont reposé pendant des siècles l'unité de l'Église et le développement de la foi, tandis que le monde chavirait.

Et le monde autour de nous, comme celui qui a suivi Galilée, les Lumières ou la chute des monarchies européennes, bouge comme un glacier sous la lumière du soleil. De nouveau, nous avons une culture en mutation, des questions à l'état embryonnaire, des dieux en conflit, des tensions — personnelles, sociales, locales, mondiales, internationales, organisationnelles — en abondance. La question n'est pas de savoir si la foi est croyable. La vraie question est de savoir si cette foi a un sens pour nous, ici et maintenant. Nous vivons dans un désert entre deux localités : l'une se situe au bord de Vatican II, juste un peu en aval de Vatican I, c'est un monde relativement statique où le changement et le doute sont à peine tolérés. L'autre, c'est notre monde sans limites inondé d'informations, monde jaloux de son indépendance, débordant de questions, bouillonnant de la rage et de l'agitation des opprimés et des invisibles.

Le monde court et se précipite aveuglément, il passe devant notre porte, incertain de ce que peut offrir la religion, lui qui est blessé, inquiet, fatigué, hanté par le clonage et la recherche sur les cellules souches, par les armes d'une guerre des étoiles bédéiste et par la pauvreté désespérante engendrée par le militarisme et l'holocauste nucléaire — et maintenant par la peur, la grande peur des royaumes divisés contre eux-mêmes alors que toutes les grandes villes du monde ont leur microcosme de grandes religions. Le monde est devenu un lieu qui prie dans plusieurs langues en même temps.

Que faire pour renouveler l'Église si l'Église elle-même doit suivre le rythme ? Voici donc les questions que doit poser l'Appel à l'action d'aujourd'hui : pourquoi l'Église doit-elle être dans le monde ? Comment l'Église doit-elle être dans le monde ? Et que doit faire l'Église pour être vraiment levain dans la pâte d'un tel monde ?

La situation est pleine de danger. Il semblerait qu'on nous demande d'ignorer l'évidence et de renoncer à la vision de Vatican II. D'autre part, nous n'avons plus ces balises de l'âme qui sont indispensables pour garder le cap aux époques de ténèbres, pour croire que l'Esprit Saint continue d'opérer dans toute cette confusion. Mais ce genre de situation n'est pas vraiment nouveau.

Dans l'Antiquité, lorsque la mythologie grecque a cessé de satisfaire le nouveau projet d'une recherche ordonnée et rationnelle de faits avérés, les philosophes ont commencé, eux aussi, à relever les contradictions inhérentes à la théologie populaire. Qui était vraiment Dieu s'il y avait plusieurs dieux? Quel genre de religion osait traiter l'humanité comme si elle était engagée dans une compétition de sport extrême? Qu'était le ciel si la concurrence entre les dieux allait de soi, et si le chaos y faisait partie intégrante de la condition divine? Les anciens mythes se condamnaient eux-mêmes. Les gens intelligents commencèrent à prendre leurs distances d'un système arbitraire et instable, destructeur et intransigeant. La religion vacillait sous les coups. La philosophie en est sortie avec plus de réponses raisonnables aux problèmes de la vie que la religion.

La religion connue des anciens Grecs avait vécu. Mais qui était le plus dans l'erreur, l'explication mythologique de la vie offerte par l'ancienne religion ou les représentations rationnelles des nouveaux pourvoyeurs d'idées philosophiques? De fait, quelle est la plus grande erreur aujourd'hui, la distance du monde dans une Église cléricale déjà assiégée avant Vatican II ou les représentations forcenées d'engagement du «peuple de Dieu» après le concile?

La réponse se trouve, me semble-t-il, aujourd'hui comme autrefois, dans la relation entre les racines et les ailes, entre le respect pour le passé et l'engagement dans le présent. La turbulence sociale est toujours un signe assuré que la foi doit être repensée, réinterprétée, reformulée à la lumière des circonstances présentes. Ce n'est pas la première fois dans l'histoire du catholicisme que de nouvelles interprétations spirituelles naissent de nouvelles questions, et que de nouvelles questions sont le fruit de nouvelles interprétations. Le concile de Nicée en 325, le concile de Constantinople en 381, le credo d'Athanase au sixième siècle et même le « Credo du peuple de Dieu » de Paul VI, publié en 1968, ont tous tenté, face à de nouvelles questions, de reformuler les principes fondamentaux d'une manière compréhensible aux gens de l'époque.

Poser une question, ce n'est pas nier. Cela peut même être la forme de foi la plus vraie, la forme de religion la plus fidèle. Si nous devons vraiment être fidèles, être enracinés, nous devons sans cesse nous demander : qu'est-ce que Vatican II a vraiment demandé ? Ce sont là nos racines. Et qu'est-ce qu'il reste à faire ? Ce sont là les choses qui doivent nous donner des ailes.

Contre quoi devons-nous lutter ? Et qu'est-ce qui peut nourrir notre espérance ? Pour répondre, il faut retourner encore une fois aux *Documents de Vatican II,* avec leurs points tournants et leurs tensions.

1. Dans la Constitution dogmatique sur l'Église, le point tournant tient à la définition même de l'Église. À l'époque du Catéchisme de Baltimore, on avait une définition structurelle et sans ambages. « L'Église, apprenaient les enfants, est l'ensemble des personnes baptisées validement, qui acceptent les enseignements de l'Église et qui sont regroupées autour de l'évêque local en communion avec l'Église de Rome. »

En élargissant la définition de l'Église, Vatican II nous a donné des racines. L'Église, déclare le concile, est « le peuple de Dieu ». Immédiatement, le regard déborde l'angle hiérarchique et franchit le cap de l'enfance spirituelle : le consommateur de la foi devient porteur de la foi. Mais alors les tensions se multiplient. Toute la question de la définition des rôles (qui fait quoi), du rapport dons-responsabilités (qui est responsable de quoi), des relations et de l'ecclésiologie (qui est plus important que qui dans l'Église) deviennent de nouveaux points de départ théologiques.

Les gens, qui n'« appartiennent » plus à l'Église mais qui « sont » l'Église désormais, commencent à prendre leur statut au sérieux au point de remettre en question de vieux modèles et d'anciennes croyances. Ils commencent à faire savoir qu'ils veulent que leur Église s'ouvre aux femmes, aux homosexuel(le)s, aux prêtres mariés, aux femmes ordonnées et prédicatrices, aux consultants laïques. Autrement dit, ils veulent déployer leurs ailes.

2. Dans la Constitution dogmatique sur la révélation divine, la place de l'Écriture dans la formation catholique a redynamisé l'exégèse littéraire et la recherche en histoire, disciplines délaissées depuis des âges dans les cercles romains. Cet intérêt nouveau pour les études bibliques soulève aussi de nouvelles questions. La question de savoir si la révélation se poursuit prendra sans doute de plus en plus de relief. Par conséquent, une conception de la « tradition » qui se fonde sur des modèles historiques de pratiques et de coutumes est aujourd'hui contestée au profit d'intuitions nouvelles solidement ancrées dans l'Écriture. Si l'Écriture, par exemple, n'a rien à dire sur l'ordination des femmes, pourquoi se sert-on de Jésus pour s'y opposer ? C'est la question de la place de l'Écriture, le modèle de Jésus, dans le développement de la doctrine qui doit nous donner, à toutes et à tous, de nouvelles ailes.

3. Le point tournant dans la Constitution sur la sainte liturgie, soit l'institution du vernaculaire comme langue « officielle » de la consécration, répondait au souci de rendre la liturgie de l'Église au peuple qui est l'Église. C'en était fait de l'idée que l'Eucharistie était quelque chose qu'on faisait pour nous, au-dessus de nous et à notre place, quelque chose qui était accessible à un prêtre seul dans une crypte obscure. Ce fut une grande percée pour la communauté chrétienne. Mais les tensions n'en restent pas moins tapies dans l'ombre. L'uniformité, longtemps célébrée en contrepoint à l'unité catholique, est venue attiser le conflit sur la nature de la tradition.

Lorsque les évêques américains ont convoqué le premier congrès *Call to Action* (appel à l'action) en 1976, je faisais partie du plus petit comité, le comité sur la langue. J'ai dit aux membres du comité que notre sujet était le plus explosif.

« Impossible », m'a-t-on répondu. Les préoccupations du bureau des femmes, les filles acolytes et l'enquête théologique ont pourtant bien passé. Mais pas notre dossier. La demande que nous avions présentée — deux petits mots pour désigner l'ensemble du genre humain — n'a pas passé. La liturgie est devenue un champ de bataille où les recettes de pain, le sexe des acteurs, leurs vêtements et la disposition des ministres et des servants de messe faisaient figure d'enjeux théologiques cruciaux, où la façon de traduire les pronoms était objet de conflit et de contrôle. Encore une fois, on confondait la mystique et le mystère. Si nous ne sortons pas de cette impasse, il n'y aura plus d'ailes eucharistiques sur lesquelles nous envoler.

4. Dans la Constitution pastorale sur l'Église dans le monde de ce temps, l'Église conciliaire est passée abruptement d'une perspective insulaire qui mettait l'accent sur la séparation du sacré et du profane à la prise en compte de l'intégrité, du lien essentiel entre le sacré et le profane. Ce fut un moment de transfiguration, tel qu'on n'en a jamais connu par la suite. Après avoir eu longtemps face au vaste monde une attitude de résistance et de rejet, l'Église canonisait l'engagement pour le progrès humain, le développement de la communauté mondiale, l'acceptation de la science et une préoccupation nouvelle pour le développement économique et culturel de tous les peuples et pour leur salut spirituel. En d'autres mots, la transformation de la société est officiellement présentée dans ce document comme un aspect essentiel de la mission de l'Église pour l'humanité.

Les tensions sont donc claires. Il faut encore quelqu'un pour demander : à quel moment l'engagement de l'Église dans le système politique et les enjeux politiques passe-t-il les bornes ? À quel moment le plaidoyer devient-il une forme de contrôle ? Et quand nous prônons le respect des principes éthiques sur le marché, de quels principes éthiques s'agit-il et qui en décide ? Et comment? En donnant son appui à certains candidats, en interdisant à des adultes, à des citoyens conscients, d'en appuyer d'autres? — ou en enseignant des principes? Les réponses tardent à venir mais l'existence même des ailes en dépend.

5. Le Décret sur l'œcuménisme reconnaissait officiellement le scandale de la division des chrétiens. Plus encore, cette déclaration affirme qu'il existe une unité de vision et un engagement de fond à l'intérieur de toute la famille chrétienne. Enfin, le texte confirme la diversité des dons — liturgiques, spirituels et théologiques — qui constituent l'ensemble de l'Église du Christ à travers ses diverses dénominations. Mais le défi consiste à faire franchir à l'œcuménisme l'étape des réunions ecclésiastiques pour reconnaître à toute l'Église chrétienne une seule mission et une table commune. Le scandale de la division n'est pas le scandale du peuple. C'est le scandale des professionnels de l'Église, et il faut s'en repentir avant d'oser enseigner la paix aux autres. L'indifférentisme n'est évidemment pas l'œcuménisme mais l'absolutisme, par contre, érode le témoignage de la pleine présence chrétienne, même s'il nous parvient sous la forme de documents romains. La conversion et le repentir sont aussi nécessaires à l'Église qu'à ses membres.

Quoi que puissent dire d'autre certains textes récents, rédigés encore une fois sans l'accord de l'Église universelle, sur la valeur salvifique de nos Églises sœurs, Vatican II et son ouverture à l'ensemble de l'horizon chrétien demeure la racine qui donne des ailes à la foi.

6. Dans le Décret sur l'office pastoral des évêques dans l'Église, l'Église opère un virage radical et passe du hiérarque médiéval au pasteur moderne. L'évêque n'y est plus défini comme « seigneur et législateur ». Il a pour rôle de responsabiliser l'Église, d'être en contact avec les problèmes et les idées, de créer une identité nationale. Il est clair qu'il reste encore à négocier le contrôle international de l'Église locale récemment réhabilitée. À défaut de résoudre cette question, la paralysie pastorale ne manquera pas de s'installer, la course aux charges et aux honneurs ecclésiastiques

prévaudra, les évêques cédant de plus en plus à l'ingérence romaine au lieu de faire valoir les besoins de leur pays, quitte à devenir finalement parfaitement superflus. Faire échec aux conférences épiscopales nationales et censurer les traductions liturgiques qu'elles approuvent pour leur pays, ou même faire stopper abruptement les travaux de rénovation d'une cathédrale, ce n'est pas seulement faire l'impasse sur l'Église locale mais transformer les évêques en servants de messe. C'est ligaturer les ailes qu'on nous a données.

7. On verra peut-être un jour que le Décret de Vatican II sur le ministère et la vie des prêtres et le Décret sur la formation des prêtres ont joué un rôle clé dans la croissance de la nouvelle Église annoncée par les autres documents. Ces textes signalent officiellement la mort du cléricalisme, même s'il continue encore de sévir. Ce qu'on demande aux prêtres, c'est bien entendu de savoir former la communauté, guider la recherche de Dieu, mais aussi reconnaître les laïcs, être à leur écoute et faire confiance aux dons qu'ils ont reçus, dons que ces mêmes documents affirment essentiels à l'Église. Comme le proclame la formule de ces documents, « frère parmi ses frères » (*sic*), le prêtre doit être le catalyseur spirituel et non le potentat local. Mais la révision des rôles paraît beaucoup plus facile en théorie qu'elle ne l'est en pratique. Il ne suffit plus que monsieur le curé ait donné son accord pour qu'on soit qualifié pour diriger une école, une œuvre ou une paroisse. Après avoir été « le Père », le législateur patriarcal de la famille romaine ayant droit de vie et de mort sur tous les membres du clan, le prêtre est désormais appelé à assumer le rôle de « frère », comme le disent les textes, d'égal attentionné et aimant — même à l'endroit des gens mariés et des femmes.

8. Le Décret sur l'adaptation et la rénovation de la vie religieuse survenait plus de 400 ans après le Concile de Trente, qui croyait avoir fixé la vie religieuse une fois pour toutes en déclarant solennellement qu'elle était bien telle qu'elle était, cornettes, guimpes et murs d'enceinte compris. Plus d'apostolats à concevoir, plus de

formes de vie à inventer, plus de nouveaux instituts à autoriser, plus de nouvelles règles à approuver en dehors de celles des grands ordres — et voilà que le Concile nommé Vatican II appelait la vie religieuse à se renouveler. Plus important encore, peut-être, le Concile recommandait aux religieuses et aux religieux de se tourner vers les évangiles, vers le projet initial de leurs fondateurs et fondatrices et vers les réalités sociales de ce temps plutôt que vers le droit canonique ou la supervision épiscopale pour chercher des critères et une orientation. Or ce sont là de dangereuses directives. Les tensions ont surgi presque immédiatement et elles n'ont toujours pas disparu. La conception dualiste voulant que l'essence de la perfection religieuse tienne à la séparation du monde et à une obéissance aveugle, militaire, continue de hanter pathologiquement l'esprit d'une génération formée à une ascèse artificielle, symbolique, plutôt qu'aux exigences brûlantes d'un évangile qui guérit les lépreux, ressuscite les femmes et discute avec les scribes et les pharisiens depuis le temple jusqu'au tombeau.

L'appel à transcender le monde fait alors contrepoids à l'appel à transformer le monde. Ainsi le renouveau de la vie religieuse devient-il un combat pour équilibrer les exigences de la loi et l'authenticité d'une expérience lourde de nouveaux pauvres, stimulée par de nouvelles questions, interpellée par de nouvelles formes de spiritualité et de nouveaux types d'adultes spirituels. C'est ce qui fait que plus de 75 pour cent des activités apostoliques énumérées dans le *Kennedy Directory*, bottin des organismes catholiques officiels aux États-Unis, ont été menées par des communautés religieuses au moment où on les appelait à travailler dans les chancelleries et où on les réprimandait pour avoir quitté les écoles et cessé de porter l'habit religieux.

Enfin, la question de savoir si la vie religieuse doit être fondamentalement charismatique ou fonctionnelle-institutionnelle frémit au cœur du renouveau de la vie religieuse. Religieuses et religieux doivent-ils diriger les œuvres qu'ils lancent ou simplement y travailler? Dans une Église où tout le monde est appelé à exercer le ministère, à diriger, à enseigner et à servir, la question est capitale. Les religieuses doivent-elles être les bonnes sœurs, les chères filles de l'Église, ou ces femmes dangereuses qu'on renvoie du tombeau vide avec un message en tête et un évangile en main ? La tension entre contrôle et charisme augmente de jour en jour à mesure que les religieuses se servent de leurs racines pour faire accepter leurs ailes.

9. Le seul fait qu'on ait discuté à Vatican II du rôle des laïcs dans l'Église a sans doute marqué le virage le plus important de l'histoire moderne de l'Église. Dans le Décret sur l'apostolat des laïcs, on a entrepris, pour la première fois dans l'histoire de l'Église, de parler de l'état laïque comme d'une « vocation ». Selon ce document, les laïcs ont à la fois « le droit et le devoir d'exercer leurs dons dans l'Église ». L'engagement des laïcs devenait donc affaire de participation et non plus seulement de docilité passive. Sur cette base on appelait les laïcs à prendre des responsabilités, qu'il s'agisse d'organismes d'Église, d'enseignement catholique, de programmes de formation religieuse, d'administration ecclésiastique ou de réflexion attentive, ce *sensus fidelium* dont John Henry Newman a fait cadeau à l'Église moderne.

La tension inhérente à la croissance du laïcat comporte au moins deux vecteurs. Le rejet du cléricalisme pose toute la question de l'autorité. Lorsque c'est le dirigeant laïque qui a la compétence, dans quelle mesure le prêtre est-il encore à la tête de la paroisse ou de l'école, et pourquoi ? Deuxièmement, si les laïcs ont bien reçu des dons pour le bien de la communauté chrétienne, cela est-il vrai seulement des hommes ou cela vaut-il aussi pour les femmes ? Et si cela s'applique aux femmes, pourquoi ne sont-elles pas largement, entièrement et totalement acceptées dans le culte ou dans l'administration, ne serait-ce qu'au niveau du diaconat puisque pendant des siècles il y a eu des diaconesses ? Sur ce point, l'histoire, la théologie et le droit s'unissent pour démasquer et contester le sexisme débilitant de l'Église. Si j'étais un évêque catholique américain, je ne m'inquiéterais pas de voir des femmes manifester sur le parvis de ma cathédrale pour pouvoir exercer le ministère dans l'Église. Je m'inquiéterais de les voir obligées d'aller étudier dans des séminaires protestants pour recevoir la formation théologique et pastorale nécessaire.

Si les diocèses catholiques refusent encore de préparer les femmes à participer à la vie de l'Église, je prévois que cet exode des femmes catholiques vers les facultés de théologie protestantes va sérieusement altérer la forme de l'Église, la foi, pendant les 25 prochaines années. C'est la préparation des laïcs qui peut assurer à l'Église d'avoir toujours les ailes qu'il lui faut.

10. Dans le Décret sur l'activité missionnaire de l'Église, le changement d'attitude est si profond que seul un catholique, probablement, peut en mesurer la portée. On confirme ici deux nouvelles positions. La première, c'est que toute conversion doit être libre. Par cette déclaration, on renonce à des siècles de contrôle ecclésiastique sur l'État après une longue période où l'Église s'était incrustée dans des États théocratiques. La seconde, c'est que les missionnaires doivent avant tout assurer une présence et non faire du prosélytisme. Ils doivent s'inculturer et, le plus tôt possible, permettre à la nouvelle Église de se prendre en main. Sur la foi de ce document tout au moins, on peut affirmer que l'impérialisme ecclésiastique occidental a fait son temps.

Toutefois, même si les peuples du premier monde et ceux du tiers monde occupent une place de plus en plus marquée dans l'Église par leur nombre, leur personnalité et le climat qu'ils créent, le contrôle de la curie romaine subsiste toujours. La tension est ici inévitable. Pendant combien de temps encore les nouvelles Églises indigènes vont-elles tolérer les formulations occidentales, les interprétations occidentales, les formes liturgiques occidentales et les analyses théologiques occidentales, personne ne le sait. L'Église de Chine, ou plutôt toute l'Église d'Asie, et l'Église de ce nouveau pays de mission que sont les États-Unis commencent à se donner des ailes.

11. La Déclaration sur les relations de l'Église avec les religions non chrétiennes est une bombe à retardement. Dans un geste spectaculaire, cette déclaration de l'assemblée solennelle d'un concile de l'Église affirme qu'en tant que chrétiennes et chrétiens, nous devons accepter « tout ce qui est vrai et saint » dans les religions non chrétiennes. Imaginez ! Nous disons en toutes lettres que dans le bouddhisme, dans l'hindouisme, dans le judaïsme et dans l'islam il y a quelque chose « de vrai et de saint ». Après les avoir répudiés pendant des siècles, l'Église condamne officiellement par cette déclaration toute persécution ou discrimination fondée sur la race, la couleur, l'état de vie ou la religion. Les conséquences pour le développement humain et l'avènement de la communauté humaine sont considérables, encore qu'elles arrivent tard et qu'elles demeurent incomplètes : il est bien tard pour Tissa Balasuryia et son appel à surveiller le discours sur le péché originel dans les cultures qui ont l'idée de la perfection originelle, bien tard pour les gays et les lesbiennes qu'on n'arrive pas encore à regarder comme plus normaux que « désordonnés », tard pour les femmes qu'on juge encore hors de la portée d'un Dieu qui trace une route au milieu des flots, fait surgir l'eau d'un rocher et ramène les morts à la vie mais qui ne peut pas et ne veut pas se servir des femmes pour agir. Il semblerait que la féminité soit la seule substance devant laquelle Dieu devienne impuissant.

Par ailleurs, on ne retrouve dans ce texte aucun écho des effets du pluralisme au sein des nouveaux États multiculturels. Le problème de la prière en classe et l'affichage des commandements judéo-chrétiens dans un tribunal des États-Unis à titre de fondement des normes juridiques, dans un pays fondé sur la séparation de l'Église et de l'État, deux dossiers qui refont surface avec force, menacent le pluralisme que nous avons choisi comme nation et que nous ne pouvons plus éviter comme peuple. Les tensions résiduelles engendrées par ces deux dossiers doivent encore être reconnues comme des problèmes de foi mais elles indiquent surtout, à mon avis, la présence ou l'absence de vrais chrétiens.

Ce qui est essentiel, ce n'est plus tant d'apprendre à fonctionner comme chrétiens dans un monde non chrétien. Ce qui est essentiel à l'intégrité de l'Église et de l'État, c'est d'apprendre à fonctionner comme chrétiens dans un voisinage non chrétien.

12. Dans la Déclaration sur la liberté religieuse, le ferment révolutionnaire, c'est que la conscience doit être le facteur déterminant en matière de conviction religieuse. Personne — donc aucune religieuse ni aucun prêtre, je suppose — ne doit exercer de coercition au nom de la religion.

Le problème est clair : quelqu'un, quelque part, doit s'attaquer à la question de la coercition. Les pressions législatives ou la collusion entre l'Église et l'État pour inscrire dans la loi un moralisme confessionnel constituent une forme de « coercition » ? Et si ce n'est pas le cas, quelle sera la morale d'une société multiculturelle dans un monde sans frontières ? Où tirer la ligne de démarcation entre l'Église et l'État ? Quelle est la place de la conscience personnelle et qu'est-ce qu'elle entraîne pour le développement de la doctrine et pour l'évaluation de notre propre catholicité ? Et à qui revient-il de faire cette évaluation ?

Si les gens posent des questions, ce n'est pas parce qu'ils rejettent l'Église. Ils posent des questions parce qu'ils aiment l'Église. Ils posent des questions parce qu'ils cherchent une vie spirituelle, avec ou sans institution, ou même en dehors de l'institution si c'est l'appartenance à l'institution qui les empêche d'avoir une vie spirituelle. Et surtout, ils posent des questions parce que l'Église a créé un idéal qu'elle-même, trop souvent, ne poursuit pas. Martin Luther, Catherine de Sienne, Dorothy Day, Thomas Merton n'ont pas contesté l'Église parce qu'ils ne croyaient pas à ce qu'elle enseignait ; ils l'ont contestée justement parce qu'ils croyaient en elle.

Et c'est aussi notre cas, à vous et moi. Ils nous ont enseigné que l'Eucharistie construisait l'unité, et nous y avons cru. Ils nous ont enseigné la vertu sanctificatrice de l'Écriture, et nous y avons cru. Ils nous ont enseigné que l'Église peut faire la communauté, et nous y avons cru. Ils nous ont enseigné l'égalité, et nous y avons cru. À Vatican II, ils ont enseigné une toute nouvelle façon d'être Église, et nous les avons crus.

Il ne suffit pas de plonger ses racines dans Vatican II pour être un catholique de Vatican II. Il est aussi indispensable de développer Vatican II que de le conserver, de lui donner des ailes que d'émonder ses branches. Et chacun de ces documents de Vatican II a besoin de recevoir ses ailes de croyantes et de croyants qui sont aussi engagés dans le présent et prêts à s'investir dans l'avenir qu'ils sont enracinés dans le passé.

Pour les 25 prochaines années, il ne s'agit pas de répéter l'ordre du jour de Vatican II, mais de le compléter. Nous voyons aujourd'hui des penseurs réduits au silence et des théologiens frappés de *mandata*, nous assistons au retour des recettes en liturgie, à celui des pasteurs autoritaires et à l'avènement d'une prêtrise parallèle, indépendante des évêques locaux et plus attachée à une idéologie de transcendance qu'à l'inculturation de l'Église locale — un système avec lequel il faudra compter dans l'avenir.

Mais il y a aussi de grands signes d'espérance. Il y a des théologiennes et des théologiens laïques qui disent une vérité audacieuse. Il y a des groupes qui ont conscience d'être des embryons de l'Église nouvelle : le groupe « Dignité », l'Association pour les droits des catholiques dans l'Église, et la Conférence sur l'ordination des femmes. Le Centre Quixote, Pax Christi, le Center of Concern et les conférences des supérieurs majeurs des communautés féminines et masculines[2]. Et aussi « Call to Action » (Appel à l'action), ce grand mouvement de cœurs fidèles. Mais il y a surtout l'Esprit Saint qui refuse de cesser de croire en nous. Et finalement, il y a Samuel qui a laissé l'institution le conduire à la voix de Dieu et qui a construit un peuple nouveau à l'ombre de

2. Respectivement la Leadership Conference of Women Religious et la Conference of Major Superiors of Men. (NdT)

l'ancien. Il y a les ailes qui viennent de Vatican II lui-même pour nous transporter — à cause de nos racines — au-delà de nos racines. Aujourd'hui, le message de Vatican II continue d'être le même : Va, Église de Dieu, envole-toi !

CHAPITRE 15

La fidélité des disciples

EUX TEXTES POURRAIENT ILLUSTRER les réflexions qui suivent sur la fidélité des disciples en pleine époque de transition. Le premier nous vient du poète Basho qui écrivait : « Je ne cherche pas à marcher sur les traces des anciens. Je cherche ce qu'ils cherchaient. »

Et le second est un récit emprunté à la vieille littérature monastique. Un jour, un maître spirituel s'était rendu à grand peine jusqu'à un monastère éloigné parce qu'il s'y trouvait un vieux moine qui avait la réputation de poser des questions particulièrement incisives. « Saint homme, demanda le maître, posez-moi une question qui renouvellera mon âme. — Ah oui, répondit le moine. Voici votre question : de quoi ont-ils besoin ? »

Le maître se débattit avec la question pendant des jours. Enfin, découragé, déprimé, il renonça et retourna trouver le vieux moine. « Saint homme, dit-il, je suis venu ici parce que je suis fatigué, déprimé, desséché. Je ne suis pas venu ici parler de mon ministère. Je suis venu parler de ma vie spirituelle. S'il vous plaît, donnez-moi une autre question. — Oui, bien sûr. Maintenant, je vois, répondit le vieux moine. En ce cas, la bonne question pour vous n'est pas : de quoi ont-ils besoin ; c'est plutôt : de quoi ont-ils vraiment besoin ? »

Cette question ne laisse pas de me hanter. De quoi les gens ont-ils réellement besoin à une époque où les sacrements se

perdent dans une Église sacramentelle mais où toutes les approches de la question — et jusqu'à l'idée qu'il y ait lieu de se questionner consciencieusement sur la nature et le sens de la prêtrise
— sont bloquées, obstruées, niées, supprimées?

«De quoi ont-ils vraiment besoin?», la question est devenue
pour moi un refrain lancinant pour des raisons qui ne sont pas
seulement d'ordre philosophique. Au sommet d'une montagne au Mexique, après des kilomètres de routes défoncées et
d'argile boueuse, j'ai visité un village indien qui reçoit la visite
du prêtre une fois par année. Mais c'était il y a longtemps.
Aujourd'hui, la montagne n'est pas moins haute et le prêtre a
15 ans de plus.

Il y a 5 ans, j'ai parlé à une paroisse américaine de 6000 familles
— un de ces nouveaux regroupements qu'on connaît maintenant
en Occident sous le nom de mégaparoisses et que desservent trois
prêtres. Mais il n'y a pas là de pénurie de prêtres, insistent les
prêtres, parce que l'évêque a décidé que le coefficient optimal ne
serait plus d'un prêtre pour 250 familles mais d'un prêtre pour
2000 familles. Dans tous les diocèses, les paroisses sont fusionnées,
fermées, transformées en relais de poste sacramentel desservis par
des prêtres à la retraite ou par des diacres, qui sont là pour préserver le visage masculin de l'Église, que celle-ci exerce ou non le
ministère. Le nombre de prêtres diminue. Le nombre de catholiques augmente, le nombre de ministres laïques agréés augmente
dans tous les programmes d'études en dépit du fait que leurs
services sont coupés, rejetés ou rendus superflus dans les
paroisses.

Et aux États-Unis, il y a une petite fille de cinq ans qui, lorsque
ses parents eurent répondu à sa question sur l'absence de femmes
prêtres dans leur paroisse en déclarant tout net que «nous n'avons
pas de prêtresses dans notre Église», réfléchit un instant avant de
répliquer: «Mais alors, pourquoi y allons-nous?»

Il est évident que l'Église est en train de changer alors même
qu'elle réaffirme son immuabilité.

Nous sommes bien loin du dynamisme de l'Église primitive, où Prisca, Lydia, Thècle, Phébée et des centaines de femmes comme elles ouvraient des maisons-églises, allaient de l'avant comme disciples de Paul, «l'obligeaient», dit l'Écriture, à se rendre dans une région donnée, instruisaient les gens dans la foi et exerçaient le ministère dans les communautés chrétiennes naissantes sans excuses, sans prétextes, sans tour de passe-passe théologique pour savoir si elles servaient *in persona Christi* ou seulement *in nomine Christi*.

C'est évident, la réponse est aussi claire que la question : de quoi ont-ils vraiment besoin ? Ils ont besoin de ce qu'il fallait quand le temple est devenu plus important que la Torah ; ils ont besoin de ce qu'il fallait quand la foi était plus une vision qu'une institution. Ils ont besoin de ce dont ils ont toujours eu besoin : de la communauté chrétienne et non du cléricalisme patriarcal. De sacré, et non de sexisme. De plus de prophètes, et non de plus de prêtres. De la fidélité des disciples, et non de décrets canoniques.

Que faire alors à une époque comme la nôtre, quand ce qui est possible est à ce point différent de ce qu'on cherche ? À quoi consacrer notre énergie quand on nous dit qu'on n'a pas besoin de plus d'énergie ? Les questions paraissent peut-être nouvelles mais la réponse n'a rien de nouveau, elle est aussi ancienne qu'elle est vraie. La réponse, c'est la fidélité des disciples.

Il est tentant de se lasser d'une recherche d'emploi apparemment stérile. Mais nous sommes appelées à renouveler notre engagement à l'égard de la fidélité essentielle, vénérable et authentique qui est exigée des disciples. La fidélité des disciples chrétiens est quelque chose de dangereux. Elle a mis en danger toutes les personnes qui l'ont assumée. Tous ceux et celles qui l'ont prise au sérieux se sont trouvés exposés au rejet, de Martin de Tours à John Henry Newman, de Mary Ward à Dorothy Day.

La fidélité des disciples a créé une tension entre les nouvelles communautés chrétiennes fragiles et leur époque. Former une communauté chrétienne, c'était défier l'impérialisme romain, forcer les limites du judaïsme, opposer aux valeurs païennes les nouvelles valeurs chrétiennes. Cela exigeait une présence concrète, un grand courage, beaucoup de force d'âme et une prise de position publique sans ambiguïté.

La véritable fidélité des disciples signifiait le rejet du culte de l'empereur, le renoncement aux sacrifices d'animaux, l'inclusion des Gentils, l'abolition des lois alimentaires, le désaveu de la cir-concision, l'acceptation des femmes, le dépassement de la loi par l'amour, du nationalisme par l'universalisme. À l'époque, suivre le Christ n'était pas une excursion dans l'intellectuel, le philoso-phique, l'éthéré. Ce n'était pas une partie de bras de fer avec une tradition culturellement biaisée par son histoire au lieu d'incarner la liberté de l'esprit à l'égard du système. C'était réel, immédiat et cosmique.

Le problème de la fidélité du disciple en christianisme, c'est qu'au lieu de n'exiger qu'une sorte d'exercice intellectuel ou ascétique — ce qu'exigent des disciples la plupart des voies ou des doctrines — suivre le Christ exige un mode de vie qui finira à coup sûr par faire dégringoler le disciple de la table du banquet des grands conseils d'administration, de la tribune d'honneur des défilés présidentiels et des processions de nobles ecclésiastiques jusqu'aux marges les plus suspectes de l'Église et de la société.

Marcher à la suite de Jésus, en d'autres mots, c'est suivre celui qui retourne le monde sens dessus dessous, y compris le monde religieux. C'est un accommodement pour le moins instable. Pour les gens qui ont besoin d'approbation, de statut social et de res-pectabilité, mieux vaut ne pas postuler. Suivre Jésus, c'est s'engager sur une route sinueuse qui aboutit toujours à des endroits où une personne « bien » ne voudrait pas aller, à des moments d'intégra-tion dont nous préférerions nous passer.

La chrétienne, le chrétien sont porteurs d'une vision du monde qui exige de s'accomplir maintenant. La fidélité chrétienne n'est pas la préparation à l'au-delà ni la distance extatique, coupée du présent. La fidélité chrétienne est l'engagement à vivre dès maintenant d'une certaine façon. Suivre le Christ, c'est entreprendre de façonner un monde dans lequel les normes qui ont servi à nous former deviennent, nous le voyons trop souvent, les normes qu'il nous faut dépasser. Le drapeau et la patrie, le profit et le pouvoir, le chauvinisme et le sexisme, le cléricalisme et l'autoritarisme pratiqués au nom du Christ ne sont pas des vertus chrétiennes, quel que soit le système qui s'en sert pour se justifier.

La fidélité chrétienne consiste à vivre en ce monde comme Jésus a vécu dans le sien, lui qui touchait les lépreux, qui faisait libérer l'âne tombé dans la citerne le jour du Sabbat, qui remettait en question l'indiscutable et qui fréquentait les femmes.

La fidélité du disciple suppose qu'on s'engage à quitter ses filets et ses foyers, son statut social et sa sécurité, sa seigneurie et son légalisme pour être aujourd'hui, dans notre propre monde, ce que le Christ a été pour le sien : un thaumaturge et un prophète, une voix et un cœur, un appel et un signe de Dieu dont le dessein sur ce monde est justice et amour. Le disciple entend la voix des pauvres et il (elle) se met au service des Agars de ce monde, de toutes ces femmes qui ont été utilisées par l'establishment puis qu'on a abandonnées pour les laisser rentrer chez elles seules, sans personne pour les accompagner dans un monde patriarcal, sans personne qui les remarque dans un monde patriarcal, sans que personne ne s'intéresse à elles dans un monde patriarcal mais si souvent, si lourdement rabaissées par la condescendance patriarcale.

La fidélité du disciple est disposée à contester un monde qui ne pense qu'à poursuivre ses propres objectifs, quel que soit le prix à payer. Or ce prix est très élevé. Thérèse d'Avila, Jean de la Croix et Jeanne d'Arc ont été persécutés pour être allés jusqu'à s'opposer à la hiérarchie — avant d'être canonisés, beaucoup plus tard. La fidélité a coûté à Mary Ward sa santé, sa réputation et même des funérailles catholiques. La fidélité a coûté la vie à Martin Luther King Jr.

Pour le vrai disciple, pour la vraie disciple, le problème est clair. L'Église ne doit pas seulement prêcher l'Évangile, il faut encore qu'elle ne lui fasse pas obstacle. Elle doit être ce qu'elle dit. Elle doit faire la preuve de ce qu'elle enseigne. Elle doit être jugée à ses propres normes. La religion qui se fait complice de l'exploitation des pauvres ou de l'asservissement des autres au nom du patriotisme n'est plus qu'un instrument de l'État, un autre. La religion qui bénit les gouvernements oppressifs au nom de l'obéissance à une autorité qui refuse l'autorité de la conscience devient elle-même oppressive. La religion qui se tait devant la militarisation massive pratiquée au nom de la défense nationale abjure le Dieu d'amour afin de préserver la religion civile. La religion qui prêche l'égalité des femmes mais qui ne fait rien pour l'intégrer à ses propres structures, qui proclame une égalité ontologique en s'accrochant à une ecclésiologie de supériorité est décalée de ce qu'elle devrait être et dangereusement près de répéter les erreurs théologiques sous-jacentes à des siècles d'esclavage autorisé par l'Église.

L'appauvrissement des femmes au nom de la sainteté et de la nécessité de la maternité est contraire à l'attitude de Jésus qui renverse dans le temple les tables des changeurs, qui discute avec Pilate au prétoire, qui ordonne à Pierre de remettre l'épée au fourreau et qui, à l'encontre de la doctrine de l'époque, guérit l'hémorroïsse et interdit à ses apôtres de faire taire la Samaritaine, elle dont les paroles, nous dit l'Écriture, « en ont amené encore plus à croire ce jour-là ».

En fait, Jésus nous le fait voir, quand les femmes n'ont pas la compétence juridique, lorsque les commissions ecclésiastiques manquent de femmes, lorsqu'on interdit même les « servantes de messe » dans une communauté chrétienne qui en voudrait, l'invisibilité des femmes dans l'Église menace la nature même de l'Église.

Évidemment, la fidélité des disciples ne se fonde pas sur le sexisme, sur le quiétisme civil ou sur la piété privée. Au contraire, la fidélité confond la « raison droite » et le « bon sens » du patriarcat en misant sur l'équilibre des relations et sur le bon cœur. Elle dresse le sacré en face de l'humain. Elle dresse le cœur du Christ en face de la dureté d'un monde orienté, défini et contrôlé par les hommes. Être disciples comme Judith et Esther, comme Déborah et Ruth, comme Marie et Marie-Madeleine, c'est travailler à construire un monde où les faibles confondent les puissants.

Comme la prophétesse Ruth, le disciple commence par chercher un monde où les riches et les pauvres changent de place. Le disciple commence comme la juge Déborah à façonner un monde où l'on fait des derniers les premiers et des premiers les derniers, en commençant par soi-même. Le disciple prône, comme l'a fait Jésus, comme l'a fait la commandante Judith, un monde où les femmes puissent faire ce qu'on jugeait jusque-là réservé aux hommes parce que les hommes le disaient. Pour le disciple qui marche sur les traces d'Esther, celle qui a sauvé son peuple, le règne de Dieu — l'accueil des parias, le respect de l'autre, celui de la création — devient une terre étrangère qu'on a apprivoisée. Le « viens, suis-moi » devient l'hymne d'une proclamation publique dont personne n'est exclu et qui justifie les risques les plus grands.

La fidélité des disciples, nous le savons par la vie du Christ que nous suivons, n'est pas l'appartenance à un club social clérical qu'on appellerait l'Église. Ce n'est pas là le genre d'ordination que les personnes authentiquement ordonnées peuvent tolérer. La fidélité n'est pas un exercice intellectuel d'assentiment à un corps de doctrine. C'est une attitude de l'esprit, une qualité de l'âme, un mode de vie qui n'est pas politique mais qui a de sérieuses conséquences politiques, qui n'est peut-être pas officiellement ecclésiastique mais qui transforme l'Église quand celle-ci est devenue plus ecclésiastique que communautaire. La fidélité change les choses parce qu'elle ne peut ignorer les choses telles qu'elles sont ; elle refuse tout ce qui fait fi du dessein de Dieu sur l'humanité même si le problème est délicat, même si le comportement est largement répandu, même si la question est évidente, même si le réflexe patriarcal est historique et même s'il a été

présenté comme « la volonté de Dieu » par ceux qui prétendent
définir ce qu'elle est.

Le disciple s'oppose publiquement aux valeurs d'un monde qui
ne bénéficie qu'à ceux qui sont déjà privilégiés. Le disciple prend
dans sa mire les institutions qui se disent « libératrices » mais qui
prolongent l'asservissement de la moitié de la population mondiale ; il s'offusque des systèmes qui veulent bien plus repousser
« ces gens-là » — ces gens qui ne sont pas à leur place — que les
accueillir.

La fidélité authentique prend toujours, toujours, toujours le
parti des pauvres malgré le pouvoir des riches — pas parce que
les pauvres sont plus vertueux que les riches mais parce que le
Dieu d'amour veut pour eux ce que les riches ne pensent même
pas à leur concéder. La fidélité n'hésite pas à bousculer les cadres
de grandes sociétés dans le genre d'Hérode, les serviteurs de l'institution dans le genre des pharisiens, les valets du système dans le
genre des changeurs du Temple et les pions du chauvinisme dans
le genre des apôtres qui voulaient renvoyer les femmes.

La fidélité se tient nue sur la place du marché de notre monde
et, au nom de Jésus, hurle les cris du monde jusqu'à ce qu'enfin
quelqu'un, quelque part, entende et réponde aux plus pauvres
d'entre les pauvres, aux plus petits d'entre les petits, aux plus
rejetés d'entre les parias. Le reste — le faste, l'or et la pourpre, les
rites de ce monde — ainsi en attestent les évangiles, n'est que
médiocrité et fidélité de parade.

C'est une chose pour l'individu que de rassembler le courage
qu'il faut pour se tenir debout dans l'œil de la tempête qu'on
appelle « le monde réel ». C'en est une autre, bien différente, de
voir l'Église elle-même être moins que le Christ vivant. Pourquoi ?
Parce que l'Église de Jésus Christ n'est pas appelée à la prêtrise,
elle est appelée à la fidélité des disciples.

Voir une Église du Christ refuser leur dû aux pauvres et aux
marginaux, recréer en son sein les systèmes qu'elle méprise dans
la société, c'est ne voir aucune Église. Il s'agit, au mieux, de religion

ravalée au rang d'institution sociale destinée à réconforter les gens à l'aise sans contester les chaînes qui attachent à la croix la plus grande partie de l'humanité — dont toutes les femmes. Dans cette sorte d'Église, la prophétie agonise, la justice s'éteint et la flamme de la vérité est si faible qu'on n'arrive plus à la localiser. Aujourd'hui, comme jamais peut-être jusqu'ici dans l'histoire, le monde et l'Église en lui sont poussés à la limite par des crises de vie qui, ne serait-ce que par leur ampleur, ébranlent la planète.

De nouveaux enjeux de vie surgissent avec une force étonnante et une persistance inlassable. Et le plus important, c'est la question de la femme. Les femmes forment la majorité des personnes pauvres, réfugiées, sans instruction, battues et rejetées dans le monde. Dans l'Église, des femmes instruites, dévouées et engagées sont ignorées jusque dans les pronoms de la messe. Où est la présence de Jésus à la femme sans abri, à la mendiante, à la femme abandonnée, à la femme seule, à la femme dont les questions, les cris et l'expérience de vie n'ont leur place ni dans les systèmes du monde ni dans l'Église? Sauf, bien sûr, si on voit en elles une humanité de deuxième classe, un peu moins compétente, un peu moins appréciée, un peu moins humaine, un peu moins aimée de Dieu que les hommes.

Qu'exige ici la théologie de la fidélité? Que commande la théologie du peuple sacerdotal? Les femmes ne sont-elles pour le Christ que des demi-disciples? Pour recevoir des demi-mandats, être à demi reconnues, à demi appréciées?

À la lumière de ces situations, il se pose aujourd'hui dans la communauté chrétienne des questions qu'on ne peut refouler en bas de page ou masquer de jargon ou saupoudrer de retour à la «foi». Au contraire, face à ces enjeux, les notes infrapaginales s'estompent, le langage ne sert qu'à exacerber la question, la foi elle-même impose la question. La fidélité des femmes est la question qui ne va pas disparaître. En fait, la fidélité de l'Église à l'égard des femmes est la question qui finira, à long terme, par établir la crédibilité de l'Église.

Dans la question des femmes, l'Église affronte le plus grave défi à sa fidélité depuis l'apparition de l'esclavage lorsque nous faisions valoir, là aussi, que l'esclavage correspondait à la volonté de Dieu. Voici sans doute la plus grosse question posée aujourd'hui aux chrétiennes et aux chrétiens : que signifie la fidélité dans une Église qui ne veut pas des femmes ? Si la fidélité se réduit à la masculinité, qu'est-ce qui s'ensuit pour le reste de la communauté ? Si seuls les hommes peuvent vraiment vivre pleinement la fidélité des disciples, à quoi rime pour une femme d'aspirer à la fidélité ? Qu'est-ce que cela signifie pour les femmes qui doivent affronter le rejet, la dépréciation et une théologie discutable bricolée avec les retailles théologisées d'une biologie erronée ? Que faire quand une Église proclame l'égalité des femmes mais s'élève sur des structures qui supposent leur inégalité ?

Et d'autre part, que signifie le rejet des femmes aux plus hauts niveaux de l'Église pour les hommes qui se prétendent éclairés mais qui continuent d'appuyer un système qui se moque de la moitié du genre humain ? Qu'est-ce que cela signifie pour l'Église qui prétend marcher à la suite de Jésus, lui qui portait secours à l'âne tombé dans la citerne le jour du Sabbat, qui ressuscitait les femmes et discutait avec les maîtres de la foi — *mandatum* ou pas, déclarations définitives ou pas ? Enfin, qu'est-ce que cela signifie pour une société qui a terriblement besoin d'une vision du monde cosmique à l'aube d'une ère de globalité ?

Les réponses sont d'autant plus décourageantes qu'elles sont plus claires. La fidélité chrétienne ne court pas seulement le risque d'être émoussée. La fidélité, en fait, est devenue l'ennemie. La question de savoir qui nous ne voulons pas admettre à la pleine fidélité, officielle et autorisée — quelque chose dont l'Église elle-même enseigne qu'elle est demandée à tous et à toutes — représente désormais pour l'intégrité de l'Église un problème au moins aussi complexe que celui que posent les gens qui continuent d'exclure les femmes des fonctions qui définissent la théologie de l'Église et assurent le ministère aux fidèles.

Les femmes commencent à se demander si la fidélité des disciples les concerne vraiment. Là se pose toute la question de la fidélité aujourd'hui. Certains considèrent que la fidélité à l'Évangile consiste à faire ce que nous avons toujours fait. D'autres ne trouvent la fidélité que dans le fait d'être ce que nous avons toujours été. La distinction est fondamentale. Et elle est indispensable pour comprendre la fidélité de l'Église moderne. Lorsque « la tradition » devient synonyme du « système » et quand il devient plus important de préserver le système que de préserver l'esprit de la tradition, la fidélité se ratatine et devient au mieux « obéissance » au passé au lieu d'être un engagement profond à l'égard de la présence du Christ vivant qui va au devant des lèpres de notre époque.

La fidélité des disciples suppose de la part de chacune et de chacun de nous, et de l'Église elle-même, le même genre d'amour imprudent, ouvert, accueillant, généreux que Jésus offrait aux aveugles sur les routes de Galilée, au corps de la jeune morte, à l'imploration de l'hémorroïsse.

La société jugeait l'aveugle pécheur, la jeune morte inutile, la femme menstruée impure, les refoulait tous en marge du système et les laissait à l'écart de la vie, les excluait du centre de la synagogue et leur interdisait le sanctuaire du temple. Mais Jésus attire à lui chacune et chacun d'eux, en dépit des lois, sans se soucier de la culture, malgré la désapprobation des notables locaux, et il les comble de ce qu'il est avant de les envoyer comme d'autres lui-même sur les grand-routes et les petits chemins du monde entier.

Être disciples de Jésus, c'est faire la même chose. Il y a une attitude, semble-t-il, qui ne tolère pas les beaux raisonnements au nom des convenances institutionnelles. La fidélité des disciples suppose, comprend, exige rien de moins que l'amour de Jésus qui confirme et ordonne tout le monde, partout, sans s'inquiéter de ceux qui oseraient prendre sur eux d'oser imposer des limites à l'amour de Dieu. La fidélité et la foi ne font qu'un. Dire que nous croyons que Dieu aime les pauvres, exerce le jugement en leur nom, veut leur libération mais sans rien faire nous-mêmes pour libérer les pauvres, pour entendre leurs supplications, pour alléger leurs fardeaux, pour agir en leur nom, c'est vivre d'une foi vide. Dire que Dieu est amour sans aimer nous-mêmes comme Dieu aime, c'est peut-être l'Église mais ça n'est pas le christianisme.

Proclamer une théologie de l'égalité, dire que toutes les personnes sont égales aux yeux de Dieu et maintenir en même temps une théologie de l'inégalité, une spiritualité de domination au nom de Dieu, qui dit que les femmes n'ont pas leur place dans le gouvernement de l'Église et dans l'élaboration de la doctrine, c'est vivre dans le mensonge.

Mais si la fidélité consiste à marcher à la suite de Jésus, à tout prix et par delà toutes les contraintes, pour l'avènement du règne de Dieu, pour l'établissement de relations équitables, alors fonder l'appel de la femme à suivre le Christ sur son aptitude à lui ressembler physiquement, c'est faire obstacle précisément à ce pour quoi l'Église a été fondée. C'est faire obstacle à l'aptitude de la femme à suivre le Christ pleinement, à donner sa vie pour les autres, à bénir, à prêcher, à sacrifier et à construire la communauté « en son nom » — comme les documents sur le sacerdoce affirment que doit le faire un peuple sacerdotal. Et c'est le faire au nom de la religion et au mépris de l'Évangile. Comment une Église comme celle-là peut-elle être convaincante quand elle appelle le monde au nom de la justice à pratiquer une justice qu'elle-même ne pratique pas ?

Comment se fait-il que l'Église puisse appeler d'autres institutions à traiter les femmes comme des êtres humains de plein droit, créés à l'image de Dieu, quand c'est précisément leur humanité dont l'Église leur fait grief au nom de Dieu ? C'est là une immense question philosophique. C'est une question qui, tout comme l'esclavage, met l'Église à l'épreuve. Pour être présente à la question de la femme, pour exercer son ministère et pour être vraiment disciple en ce domaine, l'Église doit elle-même se convertir à la question. En fait, l'Église doit se laisser convertir par la question.

Les hommes qui ne prennent pas au sérieux la question de la femme auront beau être prêtres, ils ne sauraient être disciples. Ils ne sauraient être d'autres Christs, être le Christ né d'une femme. Le Christ qui a envoyé des femmes prêcher pour lui. Le Christ qui a accueilli la suggestion d'une femme à Cana. Le Christ qui a envoyé des femmes prêcher la résurrection aux apôtres qui ne les croiraient pas. Le Christ qui a envoyé l'Esprit Saint à la femme Marie aussi bien qu'à l'homme Pierre. Le Christ qui s'est présenté comme messie à la Samaritaine aussi clairement qu'à «la Pierre» qui s'est écrasée. Si tel est le Jésus que nous devons suivre comme chrétiens, comme Église, la fidélité de l'Église est gravement compromise.

En fait, écrit le poète Basho, «je ne cherche pas à marcher sur les pas des anciens. Je cherche ce qu'ils cherchaient».

La fidélité des disciples, c'est d'appliquer le dessein de Dieu sur l'humanité aux questions de notre époque, comme Jésus l'a fait pour la sienne. Tant qu'on se sert de la tradition pour marcher sur les traces de notre passé au lieu de chercher à préserver l'esprit du Christ dans la réalité présente, nous risquons de ne préserver que la coquille de l'Église. La conscience de l'universalité de l'humanité au-delà des différences est devenue le fil qui tient le monde ensemble à cette époque de globalité. Ce qui était autrefois la structure hiérarchique de l'humanité se dévoile aujourd'hui : il s'agit en réalité d'oppression de l'humanité.

Pour la plupart des gens, la colonisation des femmes est aussi inacceptable aujourd'hui que l'oppression coloniale de l'Afrique, que les croisades contre les Turcs, que l'esclavage des Noirs et l'extermination des Indiens au nom de Dieu. En Asie, les femmes bouddhistes exigent l'ordination et le droit de confectionner les mandalas sacrés. En Inde, les femmes commencent à exécuter les danses sacrées et à allumer la flamme sacrée. Dans le judaïsme, les femmes étudient la Torah, portent les rouleaux, proclament l'Écriture et président les assemblées. Ce n'est que dans les cultures les plus arriérées, les plus légalistes, les plus primitives qu'on cache les femmes, qu'on les rend inutiles, moins que pleinement humaines, moins que pleinement spirituelles.

L'humanisation du genre humain nous incombe. Il s'agit seulement de savoir si l'humanisation du genre humain entraînera aussi la christianisation de l'Église chrétienne. Faute de quoi, la fidélité des disciples s'éteindra et avec elle l'intégrité de l'Église.

Il nous faut prendre cette fidélité au sérieux, ou alors abandonner l'Église de demain aux fonctionnaires. Le fait est que le christianisme vit chez les chrétiens, pas dans les livres, pas dans les documents qui se prétendent « définitifs » pour cacher le fait qu'ils n'ont au mieux qu'une portée temporaire. Pas dans les platitudes sur les « vocations spéciales », pas dans les erreurs d'autrefois anoblies sous le titre de « tradition ».

C'est maintenant un fait que la fidélité envers les femmes et la fidélité des femmes sont fondamentales pour la fidélité du reste de l'Église. Les questions sont claires. La réponse est encore obscure et incertaine mais elle est cruciale pour l'avenir d'une Église qui se prétend éternelle.

Dans une période sans prêtres, un peuple sacerdotal doit avoir à l'esprit une claire vision d'ensemble. Mais il nous faut aussi prendre en mains les tâches qui s'imposent aujourd'hui, et le travail à faire aujourd'hui n'est pas de préparer l'ordination dans une Église qui doute, ou qui a peur, de la force de persuasion de la vérité et qui supprime le droit de discuter de la question envenimée de savoir si, oui ou non, les femmes peuvent participer au sacrement de l'ordre. Ce serait prématuré dans le meilleur des cas, voire carrément destructeur.

Non, le travail à faire aujourd'hui, à une époque comme la nôtre, c'est d'utiliser tous les organismes auxquels nous appartenons pour élaborer la théologie de l'Église jusqu'à atteindre une masse critique.

Nous avons besoin qu'un groupe libre de tout *mandatum* organise des séminaires, des débats publics dans le style des grandes disputes médiévales sur l'humanité des Indiens, tienne des *teach-ins*, parraine des publications, écrive des livres, affiche des textes sur Internet et réunisse des groupes de discussion autour des thèmes de l'infaillibilité et du *sensus fidelium*.

La tâche à faire aujourd'hui suppose certainement que des groupes comme celui-ci conteste l'exclusion évidente des femmes de la restauration du diaconat permanent, une façon pour les femmes de vivre la fidélité des disciples qui peut clairement, fermement et pleinement se réclamer d'arguments théologiques, historiques, rituels, liturgiques et traditionnels. Le temps est venu de faire sortir au grand jour des discussions qui se poursuivent derrière tant de portes d'Église, chez tant de cœurs en recherche.

Si, comme l'affirme Vatican II, la prêtrise comprend la prédication, le sacrifice et l'édification de la communauté, alors la prédication, le façonnage et la visualisation d'une nouvelle notion du prêtre et du diacre — quoi qu'il nous en coûte à nous, personnellement — pourraient être le plus grand service sacerdotal à rendre à l'heure actuelle. Il nous faut donc continuer de virer pour mettre le cap sur la fidélité des disciples, comme les femmes l'ont toujours fait. Mais autrement. Comme le dit Basho, nous ne cherchons pas à marcher sur les traces des anciens. Nous cherchons ce qu'ils cherchaient. Nous ne cherchons pas à faire ce dont ils ont vraiment besoin. Il nous faut beaucoup plus que cela. Il nous faut aujourd'hui faire ce dont ils ont vraiment, vraiment besoin.

CHAPITRE 16

La conversion

« Il est bon d'avoir une destination, écrit Ursula LeGuin, mais c'est le cheminement qui importe en fin de compte. » La vérité de cet énoncé explique aussi bien qu'il se peut, semble-t-il, qu'il me soit possible, nécessaire même, comme catholique, de rester dans une Église traversée d'incohérences, fermée à la discussion sur leurs conséquences, et qui préfère les femmes invisibles. Le fait est que j'en suis venue à comprendre avec les années qu'une Église n'est pas un lieu mais une démarche. Quitter l'Église, ce serait comme renoncer à une partie de ma démarche de croissance. Or je tiens à continuer de me colleter avec la vérité. Je reste donc dans l'Église même si, pour une femme, cette décision est lourde de souffrance, de frustration, de déception et même, trop souvent, d'humiliation. Toutes les deux, l'Église et moi, nous avons besoin de grandir. L'Église a besoin de grandir dans sa compréhension de l'Évangile et moi, j'ai besoin de mieux me comprendre dans les efforts que je fais pour le vivre. En d'autres mots, nous sommes engagées toutes les deux sur le chemin de la conversion.

D'ailleurs, j'ai derrière la tête un modèle qui m'incite à rester ; aux heures difficiles, il me pousse à faire confiance à mes questions ; il me houspille les jours où je préfère la faiblesse à la vérité ; il me console et me redonne le courage de l'endurance dans les moments pénibles et il m'inspire constamment de garder la foi malgré les faiblesses du système qui la proclame. Les images qui m'habitent évoquent Jésus qui discute avec les pharisiens, Jésus qui pleure sur Jérusalem, Jésus qui enseigne à la synagogue, Jésus qui préside le Séder du Jeudi saint. Bref, c'est Jésus qui proclame la vérité quel que soit le contexte, quel que soit le risque ; Jésus qui affronte la dépression née de l'échec, du rejet ; Jésus qui fait confiance à la vérité, qui vit de la foi et qui espère jusqu'au bout.

Ce modèle éclaire ma route et m'en fait voir le sens, la valeur. Demeurer dans l'Église même quand l'Église s'intéresse peu à la présence des femmes, s'inquiète peu de leurs questions, accorde peu d'importance à leurs idées, s'emploie à prêcher l'évangile de l'égalité des femmes en conservant une théologie masculine et un système masculin, cela exige un but qui nous dépasse largement.

Si je reste dans l'Église, pèlerine inquiète, ce n'est pas faute de croire ce que l'Église m'a enseigné mais précisément parce que j'y crois. J'ai cru quand on nous a enseigné que Dieu nous a créés égaux et que Jésus est venu pour chacune et chacun de nous. J'ai cru au Jésus qu'on nous a présenté : il était à l'écoute des femmes, leur enseignait la théologie, les envoyait prêcher et les ressuscitait des morts. Et c'est pourquoi, aujourd'hui, je crois que l'Église, si elle veut être fidèle à ce même évangile, devra finir par faire la même chose : envoyer les femmes comme Jésus a envoyé la Samaritaine, écouter les femmes comme Jésus a écouté la Cananéenne, redonner aux femmes une vie nouvelle comme Jésus l'a fait pour la fille de Jaïre. Je reste dans l'Église parce que je ne connais pas d'autre endroit qui satisfasse en moi ce que l'Église elle-même nous enseigne à rechercher : une vie sacramentelle qui sanctifie toute la vie, une communauté de foi qui célèbre la vie ensemble, la proclamation de l'image de Dieu vivant en chacune et chacun de nous, la contemplation de la vérité qui donne un sens à la vie. Je connais des clubs, des associations et des congrégations d'une grande sincérité et qui font beaucoup de bien. Le problème, c'est que j'ai besoin de sacrement, de foi commune et du sens du divin au cœur de mon humanité autant que de bonnes paroles, de bonnes œuvres et de bonnes intentions.

Je reste dans l'Église parce que, même si les lumières se sont éteintes dans une partie de la maison, je sais que je suis chez moi. Je mesure aujourd'hui avec une colère lancinante à quel point l'Église est vraiment sexiste, en dépit de ses professions de foi en Jésus et d'amour des femmes. Mais je mesure aussi qu'elle est la famille où j'ai été élevée. La famille qui m'a donné mes premières images de Dieu, ma première idée de la dignité humaine, ma première notion de la sainteté ; celle qui la première m'a invitée à bien vivre et pas seulement à « réussir ». Ce n'est pas parce que ma famille est dysfonctionnelle, comme elle l'est, qu'elle cesse d'être ma famille. Au fond, nous avons toutes et tous à travailler un peu plus fort pour pouvoir tous et toutes y recouvrer la santé.

Je reste dans l'Église parce que je reçois l'appui d'autres femmes, d'hommes féministes, d'une communauté de femmes qui me permet de célébrer le culte dans la dignité et avec un sentiment d'inclusion théologique. Autrement, je ne sais pas comment je pourrais rester. Par ailleurs, comme j'ai conscience d'avoir besoin d'une communauté lucide et compréhensive, j'ai appris à comprendre les personnes qui, faute d'un tel soutien, choisissent de partir. Pour plusieurs, le fait d'aller à l'Église n'est plus une expérience de croissance spirituelle mais une épreuve de dévalorisation systématique. Après avoir attendu le changement pendant des années, elles ont choisi d'essayer de trouver Dieu par elles-mêmes plutôt que de se sentir exclues de la recherche collective par leur communauté. Ce sont des femmes chez qui bat un cœur catholique mais qui, comme tant d'autres femmes violentées ou méprisées, en arrivent, pour préserver leur santé mentale, à dire avec douleur et non sans un reste d'amour : « Je ne vais pas divorcer d'avec toi mais tant que les choses ne changeront pas, je ne peux plus rester ici. »

Je reste dans l'Église pour la simple raison que tout ce qu'elle a déjà traversé me convainc qu'elle peut encore traverser bien des crises. C'est l'Église qui s'est finalement repentie de l'Inquisition, qui a fini par accepter Galilée, qui a renoncé à vendre les reliques et qui, en fin de compte, a rejoint Luther et s'est ouverte à l'œcuménisme. Entre autres choses. C'est une Église qui a connu le péché et qui l'a regretté. Une Église qui a ce qu'il faut pour comprendre aussi le mien.

Je reste dans l'Église, assagie, moins idéaliste, plus équilibrée dans mes attentes de changement instantané, plus mûre peut-être sur le plan spirituel. Pendant les deux premières semaines de mon voyage à Rome en 1972, j'ai été consternée par ce que je voyais : la pompe, l'affectation, le sentiment de pouvoir oppressant et arrogant qui suintait de chacun des bureaux, qui pesait sur chacune des réunions, qui marquait chacune des cérémonies. J'étais jeune et ardente. Je croyais avoir perdu la foi. J'avais bien l'intention de ne jamais y remettre les pieds. « *Patientia, patientia*, me conseilla un vieux moine. Tu reviendras et tu comprendras mieux… » Ces mots m'irritaient, ils ne voulaient rien dire. Comprendre quoi ? À la fin des deux semaines suivantes puis après 15 ans de réunions là-bas, j'en suis venue à leur trouver un sens pour moi. J'ai compris que pour la foi parvenue à la maturité, Dieu seul est Dieu. Pas l'institution. Pas le système. Pas l'histoire. Pas le pape. Dieu est dans l'Église et non dans la chancellerie. L'Église est un véhicule pour la foi, elle n'en est pas le dernier mot.

Enfin, si je reste dans l'Église, c'est parce que l'Église sexiste que j'aime a besoin des femmes pour son propre salut. La vérité qu'elle détient, ce sont les femmes qui permettent d'en éprouver l'authenticité.

Nous nous sanctifions les unes les autres : d'un côté, cette Église-là, et de l'autre, les femmes qui refusent de se taire et de se laisser supprimer. Ce que chacune de nous entreprend de convertir finira par nous convertir toutes. Les femmes appelleront l'Église à la vérité. L'Église appellera les femmes à la foi. Ensemble, avec la grâce de Dieu, nous allons persister : les femmes en dépit de la folie de l'autoritarisme, et l'Église malgré l'irritation qu'engendre la contestation obstinée. Nous allons durer ensemble. Nous allons nous propulser jusqu'à la limite de notre capacité de sainteté.

« Pourquoi une femme comme vous reste-t-elle dans l'Église ? » me demanda une femme, il y a plusieurs années, du fond d'une salle de conférence plongée dans l'obscurité. « Parce que, répondis-je, chaque fois que j'ai pensé à quitter, j'ai repensé aux huîtres. — Aux huîtres, dit-elle. Qu'est-ce que les huîtres ont à voir là-dedans ? — C'est que j'ai compris, dis-je en m'adressant à l'obscurité de ce vaste auditorium, que l'huître est un organisme qui se défend en excrétant une substance pour se protéger contre le sable de la frayère. Plus il y a de sable dans l'huître, plus elle produit de cette substance jusqu'à ce qu'enrobé par des couches de gel successives, le grain de sable devienne une perle. Toute cette démarche ajoute à la valeur de l'huître elle-même. C'est ainsi que j'ai découvert le ministère de l'irritation. »

Je reste dans l'Église avec mes interpellations et en dépit de sa résistance car je sais qu'avant que tout cela soit terminé, elle et moi serons devenues ce que nous avons la capacité de devenir — des disciples du Christ qui écoutait les femmes, qui leur enseignait la théologie et qui les ressuscitait.

Remerciements

Bluebridge et Benetvision remercient les publications suivantes où sont parues diverses sections du présent ouvrage ainsi que les institutions où quelques chapitres ont été donnés comme conférences.

Le chapitre « La simplicité » est paru sous le titre « Simplicity of Life » dans *Liguorian* en février 1995 ; le chapitre « Le travail » est paru sous le titre « Work : My Share of the Life of God » dans *Liguorian* en septembre 1993 ; le chapitre « Le sabbat » est paru sous le titre « Sins of the '90s : the Lost Sabbath » dans *The Tablet* en mars 1997 ; le chapitre « La bonne intendance » formait le chapitre 5, intitulé « Monasticism », de *Christianity and Ecology*, ouvrage collectif publié sous la direction d'Elizabeth Breuilly et Martin Palmer © The Continuum International Publishing Group, 1992 (le texte est publié ici avec l'autorisation de l'éditeur) ; le chapitre « La contemplation » est une interview, « Contemplation, Everyone ? », publiée dans le *Praying Magazine* en janvier-février 1991 ; le chapitre « La prière » est paru sous le titre « Monastic Prayer : Unchanging Change » dans *Religious Life Review* en septembre-octobre 1998 ; le chapitre « Le renforcement du pouvoir » est une conférence donnée à Washington en septembre 1989 sous le titre de « Empowerment and Spirituality » au Congrès sur l'avenir de l'Église américaine ; le chapitre « La prophétie » est une conférence donnée en février 2001 à Kansas City, dans le Missouri, sous le titre de « Thomas Merton : Seeder of Radical Action and the Enlightened Heart » dans le cadre des Guilfoil Memorial

Lectures; le chapitre «L'intégrité» est une conférence intitulée
«Theology, Ecology and Feminism» donnée au Séminaire épis-
copalien de théologie d'Austin, dans le Texas, en septembre 2003;
le chapitre «La sainteté» est paru sous le titre d' «Icons, Rebels,
Stars and Saints: Holiness in the Catholic Tradition» dans le
bulletin du SIDIC (Service international de documentation judéo-
chrétienne) en juillet 1997; le chapitre «La tradition» est paru
sous le titre de «The Justice Lessons Jesus Grew Up On» dans *Salt*
en septembre 1990; le chapitre «L'égalité» est paru sous le titre
d'«A Woman's Place» dans le *Notre Dame Magazine* à l'hiver
1991-92; le chapitre «Le ministère» est une conférence intitulée
«Ministry to a Wounded World», donnée à Boston en octobre
2003 au congrès de la Massachusetts Biblical Society; le chapitre
«La vision» a clôturé les trois congrès nationaux de Call to Action,
tenus en 2001 à Los Angeles, Philadelphie et Chicago, sous le titre
de «Both Roots and Wings: Moving the Vatican II Church Into a
New Millennium»; le chapitre «La fidélité des disciples» est une

communication intitulée «Discipleship for a Priestly People in a
Priestless Period» qui fut donnée au premier Congrès international pour l'ordination des femmes à travers le monde, tenu à
Dublin, en Irlande, en juin 2001; le chapitre «La conversion» est
paru sous le titre de «Why I Stay» dans *Lutheran Woman Today*
en octobre 1996.

Certains de ces textes ont été légèrement retouchés.

Table des matières

féminisme –
anti sémite et dépend
comment on est élevé

MEMBRE DU GROUPE SCABRINI

Québec, Canada
2006